中国名村志文化工程
Culture Project of Local Records of China's Famous Villages

水峪村志

LOCAL RECORDS OF SHUIYU

北京市房山区南窖乡水峪村志编纂委员会　编

U0911554

方志出版社
Publishing House of Local Records

图书在版编目（CIP）数据

水峪村志 / 北京市房山区南窖乡水峪村志编纂委员会编. -- 北京：方志出版社，2020.12

（中国名村志丛书）

ISBN 978-7-5144-4265-6

Ⅰ. ①水… Ⅱ. ①北… Ⅲ. ①村史—房山区 Ⅳ. ① K291.5

中国版本图书馆 CIP 数据核字（2020）第 235900 号

· 中国名村志丛书 ·

水峪村志

编　　者：北京市房山区南窖乡水峪村志编纂委员会
责任编辑：丛　珺

出 版 者：方志出版社
地址　北京市朝阳区潘家园东里 9 号（国家方志馆 4 层）
邮编　100021
网址　http：//www.fzph.org
发　　行：方志出版社图书经销中心
电话　（010）67110500
经　　销：各地新华书店
排　　版：北京纺印图文设计制作有限公司
印　　刷：北京中科印刷有限公司

开　　本：787 × 1092　　1/16
印　　张：13.5
字　　数：292 千字
版　　次：2020 年 12 月第 1 版　　2020 年 12 月第 1 次印刷

ISBN 978-7-5144-4265-6　　**定价**：108.00 元

◉ 序一

中共十九大报告明确提出："坚定文化自信，推动社会主义文化繁荣兴盛。""没有高度的文化自信，没有文化的繁荣兴盛，就没有中华民族伟大复兴。要坚持中国特色社会主义文化发展道路，激发全民族文化创新创造活力，建设社会主义文化强国。"编修地方志是中华民族千百年来的固有传统，留下了浩如烟海的历史文献，承担着传承中华文明、发掘历史智慧的重任，发挥着存史、育人、资政的作用。

在习近平新时代中国特色社会主义思想指引下，在增强文化自信、推动传统文化创造性转化、创新性发展背景下，全国地方志事业迎来了开拓创新与转型升级的重要机遇期。中国地方志指导小组及其办公室组织实施的中国名村志文化工程，用中国独有的文化载体——地方志，来记录乡村的"名"和"特"，记录乡村全面建成小康社会的进程和取得的成就，是地方志围绕以人民为中心开拓创新的具体举措，是传承乡土文化、坚定文化自信、加快建设社会主义文化强国的内在要求，是服务乡村振兴战略、加快全面建成小康社会、推进社会主义现代化建设、实现中华民族伟大复兴中国梦的应有之义。

实施中国名村志文化工程，是方志人贯彻落实习近平总书记"农村要留得住绿水青山，系得住乡愁"重要讲话精神的重要举措。"望得见山、看得见水、记得住乡愁……"习近平总书记用诗意的语言为中国的新农村建设指明了方向。开展新农村建设、美丽乡村建设，一定要把绿水青山保留下来，尽可能在原有村庄形态上改善农民生活条件，不盲目拆旧，也不盲目造新，让家乡的每一条河、每一棵树、每一口井，都能永远成为我们的乡愁。这是我们弘扬传统、面向未来的底气所在。那么，如何留住乡音、乡风、乡思，继承传统文化菁华，挖掘历史智慧，成为极其重要的工作。实施中国名村志文化工程，保护抢救、传承保存、开发利用宝贵的村落文化，重新唤起人们记忆中古老村落的青山绿水、小河大树、轶事掌故，打造完整记录乡村发展嬗变和现代化农村经济社会运行模式的系列中国名村志丛书，让乡土文化回归并为困惑的当代人提供精神家园，让农耕文化的优秀菁华成为建构农村文明的底色，无疑具有重要的现实意义和深远的历史意义。

实施中国名村志文化工程，是方志人贯彻落实党中央乡村振兴战略的鲜活实践。中共十八大以来，以习近平同志为核心的党中央高度重视农业、农村、农民工作，提出了许多新理念、新思想、新战略，特别是中共十九大报告作出实施乡村振兴战略的重大部署。2018 年 9 月 26 日，中共中央、国务院印发《乡村振兴战略规划（2018—2022 年）》，明确提出“鼓励乡村史志修编”。深入推进中国名村志文化工程，有利于全面翔实记录乡村振兴进程，客观记载地理环境、历史沿革、姓氏源流、人口、民族、方言、民居、宗祠、风俗习惯、家谱族谱、家规族规、宗教信仰、文物遗址、掌故传说、历史事件、人物等，完整保留乡土文化的原貌。所有这些工作，可以为延伸地方志工作触角，充分发挥志书存史、育人、资政功能提供借鉴；可以为社会各界和华人华侨、港澳台同胞寻根问祖、反哺桑梓、泽被乡里提供帮助。依托中国名村志文化工程的重要平台与载体，乡村振兴战略下的现代乡村将进一步挖掘自身独特内涵，彰显其新时代的作用及意义。

中国名村志文化工程从新时代中国特色社会主义的新需求出发，创新体例，立足实际，内容既严谨又通俗，展示了不同地区自然和社会风貌，在坚持志体基础上运用专题报告、回忆录、人物访谈、新闻资料等多种手法，重点介绍农村地区在转型发展方面的探索、示范、引领意义，对于不断提高地方志事业围绕中心服务大局的能力，为乡村改革发展贡献历史智慧，讲好中国故事，彰显中国软实力，增强“四个自信”等方面具有积极意义。

两年来，在借鉴中国名镇志丛书及各地乡镇（村）志宝贵编纂经验的基础上，中国名村志丛书编修不断取得丰硕成果，产生了良好的社会效益，新一批中国名村志的申报数量、覆盖范围延续强劲增长态势，充分体现出强大的内生动力。下一步，要总结经验、把握规律，为服务国家城镇化建设和乡村振兴战略打造更多优秀文明成果，推动中华优秀传统文化创造性转化和创新性发展，从中提炼出适合新时代、新形势、新变化、新要求的文化精髓，展现中国方志的当代价值和世界意义。

是为序。

中国社会科学院院长
中国地方志指导小组组长　谢伏瞻

◉序二

连绵不断地编修地方志是中国独有的优秀文化传统，承担着赓续文明、传承文化的重任。保存至今的8000余种、10万余卷历代方志，蕴含着传统文化基因和海量文化信息，既是中华优秀传统文化的重要组成部分，又是传承、彰显中华优秀传统文化的重要载体。

在各种类型的地方志编纂中，村志编纂古已有之，但从未进入国家层面的地方志编纂序列。新中国成立以来，党中央、国务院高度重视包括村志编纂在内的地方志工作，出台了重要文件。中央领导发表了重要讲话、作出了重要批示。习近平总书记高度重视包括村志编纂在内的地方志工作。2004年10月，他在担任浙江省委书记时到江山市凤林镇白沙村考察，看到村民编纂的《白沙村志》，鼓励村民把村志继续编纂下去。2014年4月，刘延东副总理在与第五次全国地方志工作会议部分会议代表座谈时指出："要结合发展的新形势，加强对地方志包括部门志、行业志、专题志、乡镇村志编纂的业务指导和服务。"2015年8月，国务院办公厅印发的《全国地方志事业发展规划纲要（2015—2020年）》，正式将中国名村志文化工程列为主要任务之一。2017年5月，中共中央办公厅、国务院办公厅印发的《国家"十三五"时期文化发展改革规划纲要》指出："完成省、市、县三级地方志书出版工作。开展旧志整理和部分有条件的镇志、村志编纂。"可以说，村志编纂迎来了历史上的最好时期。

农业、农村、农民"三农"问题，是数千年来影响中国社会发展最核心的问题。中共中央高度重视"三农"工作，从2004年起，连续13年，每年的中央1号文件都聚焦"三农"。中共十九大报告更是提出"农业农村农民问题是关系国计民生的根本性问题，必须始终把解决好'三农'问题作为全党工作重中之重"，特别是提出了"乡村振兴战略"，这是中国共产党在中国特色社会主义进入新时代后，对农村发展问题所做出的准确把握和与时俱进的战略应对，是建设中国特色社会主义强国战略的重要组成部分。改革开放近40年来，在党中央、国务院高度重视社会主义新农村建设的新形势下，各地涌现出一大批历史文化名村、经济强村、新农村建设示范（试点）村、美丽乡村和特色村，成为先进生产力和先进文化的代表。客观记录中国农村全面建成小康社会的进程，向后人展示在中国共产党领导下农村千年未有的巨变，是地方志工作者肩负的光荣而重大的历史使命。编纂中国名村志丛书，是记载当代中国农村发展变革的重要途径。

文化寻根，寻的是其发展的源头和根基。村落是中国传统文化的根基所在。农村的生产生活方式、社会规范、宗族文化、宗教文化、民风习俗、传统节日、民间艺术等，无不镌刻着中国人独特的民族性格，这就是家国情怀、文脉绵延、精神归属。在快速城镇化进程的冲击和开发性破坏下，大量传统村落面临消亡的危机，村落蕴含的历史文化信息也流失殆尽，抢救性保护刻不容缓。编纂中国名村志丛书，是保存村落历史文化信息，抢救、保护村落文化最好的方式。

一方水土养一方人。家乡的山水草木、村间小巷、乡俗民情会在每个人心头留下深刻的烙印，这就是故土情结。而村落的形成与发展离不开人的活动。编纂中国名村志丛书，通过记述村落建筑、名门望族来追溯村落的历史；通过记述村落规模、布局、人口、物产等反映人口来源、宗族兴衰、生活习惯、文化背景、宗教信仰、经济发展等，体现环境与人相互影响、相互作用、相互发展的既矛盾又统一的关系；通过记述戏剧、音乐、舞蹈、美术、文学、手工技艺等文化形式，展示百姓在长期的生产生活实践中摸索和总结出的智慧结晶，强化人们沟通感情的纽带。编纂中国名村志丛书，是传承乡俗、诉说乡音、记住乡愁、纾解乡思，激活历史传统、唤起共同文化记忆、塑造共同心灵认同的重要文化工程。

中国名村志文化工程以践行文化自信、传承中华文脉、彰显时代发展为己任，以打造全国地方志系统的重要品牌为目标，在体裁运用、篇目设置、资料选择等方面进行大量的创新，突出“名”和“特”，拣选各个名村中最值得记述、最具有代表性的人、事、物，予以浓墨重彩的描画，从而形成系列的、高质量的、可读性强、雅俗共赏的地方志读本，让地方志紧接地气、贴近百姓，让地方志成果进入寻常百姓家，让人民群众共享地方志成果，让越来越多的人从地方志中感知传统、历史和记忆，成为传统村落和传统文化的守护者，成为中华优秀文化的传承者。

是为序。

中国社会科学院原院长
中国地方志指导小组原组长　王伟光

◉ 序三

习近平总书记指出："让居民望得见山、看得见水、记得住乡愁。"这句富有诗意的重要论述不仅唤醒了中国人城镇化建设过程中对于人和自然关系、人和历史关系的思考，同时也引发了学界对"乡愁"进一步进行文化意义解读的兴趣。从本质上看，乡愁是一种源自主体体验的情感，隐含了一种人们带着乡愁追寻自我生存与生命意义、追寻诗意栖居的精神家园的美学思辨。同时，这种追寻自我生存的主体逐渐转向大众群体，乡愁也由传统单一的"文化乡愁""爱国情怀"演变为对于"理想家园"的精神追求。

中国有近 60 万个村庄，约有 5000 个古村落，被住房城乡建设部和国家文物局界定的传统村落就有 1561 个。随着中国城镇化步伐的加快，乡村的版图日渐凋敝，大批农村青壮年劳动力走进城镇，融入了新的生活。然而，每逢传统佳节，那种挥之不去的离愁别绪挟裹着亿万农民工，又融入了返乡的滚滚洪流。这是乡愁的情愫牵动着他们，是故乡的山、故乡的水、故乡的老屋、故乡的小吃在牵动着他们，是故乡家家户户的楹联和口口相传的故事，以及只有在隆重的传统佳节才有的古老的民风习俗在牵动着他们。

文化可以体现一个民族、一个国家、一个社会的重量与体温，这是文化的力量之所在，而村落是传统中国的根脉所系，乡土社会是最能够体现中国传统文化特征的地方。梁漱溟曾指出："中国文化是以乡村为本，以乡村为重，所以中国文化的根就是乡村。"我曾在《建设社会主义新农村的理论与实践》一书中指出，在新农村建设的过程中，必须"保护和发展有地方和民族特色的优秀传统文化，创新农村文化生活的载体和手段，满足农民群众多层次、多方面的精神文化需求"，而编纂村志尤其是实施中国名村志文化工程就是一个重要举措。实施中国名村志文化工程，编纂中国名村志丛书，以最基层的村落为研究对象，寻根传统村落的历史，梳理村落的发展脉络，以唤起人们的归属感和认同感，探索新型城镇化和社会主义新农村建设过程中，如何留住乡音、乡风、乡思，继承传统文化精华，挖掘丰富历史智慧，是贯彻落实中央城镇化工作会议精神和中共十九大提出的“乡村振兴战略”的重要举措，是当前和今后一个时期全国地方志工作者的重要工作。

虽然村落文化正在日益远离当下生活，但我们可以抓住诸如基本村情、文物胜迹、古村保护、特色文化、旅游名胜、村域经济、风土民情、村民生活、新农村建设、艺文杂记、名人与名村等关键内容，通过志书的手法来诠释乡村文化的精华。我们如实记录着村落里的人和事，以及青山绿水、小河大树、袅袅炊烟，力争以最完整、最原真的方式呈现村落的前世今生。我们要为“迷失”的人留住乡村文化的根脉，让人们难以割舍的乡愁得以慰藉和释放。

中国名村志文化工程将触角伸向那些极具代表性的村落，它们有的历史悠久、名人辈出，有的经济腾飞、重获新生，有的风景秀丽、景观独特，有的地处边陲、神秘莫测……我们挖掘中国不同类型村落的发展之路，为探索新型城镇化和社会主义新农村建设的发展经验、发展模式、前进道路提供历史智慧和现实借鉴。因此，打造以重在表现乡村嬗变为主旨的中国名村志丛书十分必要和迫切，这是一项功在当代、利在千秋的文化工程。

近年来，随着中国经济社会的发展和国际地位的提高，越来越多的人想要认识中国、了解中国、研究中国。在这样的形势下，乡村是不可或缺的一环，我们要集中讲好发生在乡村的故事，向世界呈现一个多元的、立体的中国。乡村历经岁月变迁的风雨，见证着改革开放的步伐，寄托着数代中国人的情感。发生在乡村的故事无疑是血肉丰满的、震撼人心的、引起共鸣的。我们应该有这个自信能够讲好乡村故事，讲好中国故事，描绘出中国的底色，“让每一个中国人都能在地方志中找到自己的位置”。

可喜的是，越来越多的有识之士认识到了这一点，加入到保护、传承、发展村落文化的队伍中来。仅就编纂中国名村志丛书来看，第一批的申报范围就涵盖包括香港特别行政区在内的32个地区，申报数量高达70余部。“直笔著信史，彰善引风气，为当代提供资政辅治之参考，为后世留下堪存堪鉴之记述”，这是我们的初心和使命。希望中国名村志文化工程的实施，能够带动更多的人关注中国乡村文化，为社会主义文化强国建设作出更大的贡献。也希望越来越多的名村都来融入继承中华文化传统、颂扬中华传统文化的活动中，让正能量更多地润泽温暖人们的心灵，让更多的人“记得住乡愁”！

是为序。

中国社会科学院原副院长
中国地方志指导小组原常务副组长

◉中国名村志文化工程专家委员会

名誉主任　徐匡迪

主　　任　谢伏瞻

常务副主任　高　翔

委　　员（按姓氏笔画排序）

毛其智　叶裕民　李　铁　李善同

杨保军　柳　拯　倪鹏飞　魏后凯

◉中国名村志文化工程学术委员会

主　　任　高　翔

常务副主任　冀祥德

副 主 任　邱新立

委　　员（按姓氏笔画排序）

于伟平　王　晖　王铁鹏　巴兆祥

田　嘉　苏炎灶　李　江　李孝聪

张大伟　张英聘　陈　强　陈泽泓

武　力　和卫国　黄晓勇　潘晨光

◉ 北京市房山区南窖乡水峪村志编纂委员会

顾　　问　王铁鹏　王　晖　谷春侠　张恒彬　王　鹏
　　　　　罗保平　李桂清　贾　昉　王维成　刘文江
　　　　　李成斌　赵复兴　徐国林　柳泽生　张　玺

主　　任　王化占

副 主 任　王娜微　王庆波　王庆强

委　　员　刘志洪　李如拉　姜元海　王金禄　杨建军
　　　　　陈玉芳　曾金胜　吴海龙

◉ 北京市房山区南窖乡水峪村志编辑部

统筹策划　贾　昉　吴海龙

主　　编　王庆波　王庆强　曾金胜

副 主 编　刘文江　王文花　吴　比

编　　辑　赵俊平　李志全　谢梨春　卓成栋　罗少华
　　　　　梁亚宪　杨凤鸣　裴宏立

资料提供　李如拉　杨守安

编　　审　李成斌　张　玺　徐国林

摄影人员　王娜微　杜贺江　赵　洁　刘继文　孙新欣
　　　　　李如拉　吴培芝　闫继功　霍永振

美　　编　贾保启

水峪初冬（2017 年）

◉ 中国名村志丛书凡例

一、以马克思列宁主义、毛泽东思想、邓小平理论、“三个代表”重要思想、科学发展观、习近平新时代中国特色社会主义思想为指导，坚持辩证唯物主义和历史唯物主义的立场、观点和方法，存真求实，全面、客观、系统记述中国名村村落发展变化进程和改革开放成果，传承和抢救乡土历史文化，激发爱国爱乡情怀，留住乡愁，为探索中国特色新型城镇化建设、服务乡村振兴战略提供历史智慧和现实借鉴。

二、为全面反映入志事物发展脉络，各志上限尽量追溯至事物发端，下限一般断至各村志启动编修年份，个别重大事项可延至搁笔。详今明古，着重反映时代特色和地方特点，重点体现各村的“名”与“特”。

三、记述地域范围以下限年份的行政辖区为主。为体现名村在更大区域内的意义，可以从更开阔的区域视野记述与该村相关的内容。

四、统一采用纲目体，设类目、分目、条目三个层次。横排门类，纵述史实，述而不论。

五、综合运用述、记、志、传、图、表、录等各种体裁，以志体为主。体裁运用适当创新，篇目设置不求面面俱到，一般意义上的村级内容略去不载。

六、除引用文字和附录文献资料外，统一使用规范的现代语体文记述，行文力求朴实、严谨、简洁、流畅、优美，具有较强可读性。

七、人物部类遵循“生不立传”原则，人物传主按生年排序，只选录对本村发展有重大影响的人物，不面面俱到。

八、各项数据一般采用国家统计部门数据。数据缺乏的，采用主管部门或主办单位正式提供的数据。

九、数字用法、标点符号、计量单位分别执行国家标准《出版物上数字用法》

（GB/T15835—2011）、《标点符号用法》（GB/T15834—2011）、《国际单位制及其应用》（GB3100—1993）和《有关量、单位、符号的一般原则》（GB3101—1993）。历史上使用的计量单位，如斗、石、里、尺、磅、华氏度等，在引文时可照录。考虑到社会使用习惯，全书中亩不统一换算。

十、中华民国成立前的纪年，使用朝代年号纪年，括注公元年份；中华民国成立后的纪年，均使用公元纪年。志中所称“解放前（后）”，以该村解放日为界；“新中国成立前（后）”，以中华人民共和国成立日 1949 年 10 月 1 日为界；“改革开放前（后）”，以 1978 年 12 月中共十一届三中全会召开为界。本志“××年代”，凡未加世纪者，均指 20 世纪。

十一、为节省篇幅，避免重复，本志采用条目互见法。参见条目的表示形式为：参见本志“××类目·××分目·××条目”。

十二、对旧志、古籍中的繁体字、冷僻字一般用简化字或通用字替换，易引起误解的则保留。

十三、记述各个历史时期的党派、机构、职务、地名等，均以当时的名称为准。对频繁使用的名称，首次用全称并括注简称，其后用简称。

十四、各村志需要单独说明的事项，均在各自编纂始末中记述。

水峪村在中国的位置

审图号：GS（2019）5079 号

水峪村在北京市的位置

图　例

★北京　首都
⊙ 西城区　区政府
省级界
县级界
名村所在县级区域
名村所在乡镇
名村

1：1 220 000

审图号：GS（2019）5079 号

水峪村平面示意图

水峪秋色（2017 年）

水峪大舞台（2017 年）

东瓮桥（2017 年）

娘娘庙（2017 年）

民宅（2017 年）

八卦梯田（2017 年）

水峪水库（2017 年）

古商道（2017 年）

清光绪年间石碾（2017 年）

古宅窗棂（2017 年）

拴马石（2017 年）

水峪中幡（2005 年）

山村全景（2017 年）

水峪之春（2018 年）

水峪之夏（2018 年）

吴培芝　绘

娘娘庙内（2017 年）

水峪之秋（2018 年）

水峪之冬（2018 年）

瓮桥洞见纱帽山（2017 年）

长岭坨（2017 年）

◉ 目录

耕读桃源 “四古”水峪

水峪村，位于北京西南80千米处的房山区南窖乡，以“水源丰富之山谷”而得名，地处多条商旅古道交会处，隐于西山大房山深谷中。隋末唐初始有人家居住，明代成村，明末清初发展成较大村落。优美的自然环境和古道经济，使水峪村渐成较大村落，保留下“古宅、古碾、古商道、古中幡”等珍贵的历史文化遗产，代代传承的“耕读文化”“礼义传家”闪耀着中华优秀传统文化光辉。水峪村是房山区第一个、北京市第五个“中国历史文化名村”，也拥有“中国传统村落”“北京市民俗旅游村”“北京最美的乡村”“全国生态文化村”“中国美丽休闲乡村”“全国民主法治示范村”等殊荣。

水峪一角（2007 年）

古道水峪

水峪村，位于北京西南 80 千米处的房山区南窖乡，村域面积 10 平方千米，地处北京西山大房山多条古道交会处。隋末唐初始有人家居住，明代成村，明末清初发展成较大村落。民国初期成为大房山地区第二大村，保留下来“古宅、古碾、古商道、古中幡”等珍贵的历史文化遗产。2014 年 3 月，获得“中国历史文化名村”称号。

大房山为百花山五大山脉之一，是太行山分支，秦代称大防岭，东汉时改称大房山，隋代称防山，五代时复称大防岭，自金代始，更名大房山。水峪村坐落在大房山的中心区域。村域平均海拔 754.9 米，整体东南高西北低。海拔 1307 米的大房山主峰即金代帝王陵主峰猫耳山，为水峪村东南天然屏障，以突兀的纱帽山为地标，形成山水环绕的“金元宝”状之沟谷地貌。

金贞元三年（1155），海陵王于大房山麓车厂至云峰寺一带修建金陵，陵区范围 100 多平方千米。大定二十九年（1189），为奉山陵，始析良乡、范阳、宛平三县边地置万宁县，筑土城于山前。明昌二年（1191）改万宁县为奉先县，隶中都路涿州。元至元二十七年（1290）改奉先县为房山县。金曾修自燕京经卢沟河古渡口、良乡县阎沟城至大房岭下入山陵的专用路。金建金中都至万宁、万宁至镇厂至涿鹿、穿越水峪村古道，成为金中都穿越西山重要的交通要道。明修万里长城，大房山古道成为京城连接“内三关”的重要通道，水峪村成为重要的古道村落。明末清初，大房山特别是南郊地区煤炭业迅速发展，商贸往来日趋频繁，大房山古道成为重要的商贸古道。

水峪村落由山岭和沟谷自然分割成东西两部分，历史上称水峪东村和水峪西村。

鸟瞰水峪（2017 年）

全村由一条青石砌成的S形古道贯穿东西；村落民宅、层层梯田、长岭坨、古宅院、东瓮桥等，构成惟妙惟肖的“太极双鱼”。明清时代，随着大房山矿山资源不断挖掘，越来越多的商贾人家在村中修建豪宅大院，如不同形态的珍珠玛瑙，镶嵌在水峪村中。虽经朝代更迭，但水峪古村至今还保存着100余套600余间多兴建于清乾隆年间的古民居。

耕读为本

水峪村曾经是晋商驼队贸易往来的重要驿站。在明代大移民的过程中，不断有山西大槐树移民落户水峪。从明末清初始，先后迁到水峪落户的山西移民有臧、刘、王、杨、陈、孟、隗、邢、张、姜、金等姓氏宗族。除臧家后来迁往三角城外，其余姓氏家族均在水峪村传宗接代，繁衍生息。

几百年来，水峪村民在非常简陋的山坡地上，刀耕火种，不辞辛苦，用汗水收获每一粒粮食，用亩产百十斤的收获供养着村民的生息。中华人民共和国成立后，水峪村走集体经济道路，不断改良粮食品种和耕作方式，粮食亩产不断提高，村民生活水平不断提高。改革开放后，实行家庭联产承包责任制，退耕还林，村民开始新的生产生活方式。

在水峪古村落中，一块块精打细磨的砖瓦条石，镌刻着中华优秀传统文化的经典名句。“居仁由义”“耕读为本”等经典名句，不但体现了孔孟之道“劳心者治人，劳力者治于人”与农家学派许行“贤者与民并耕而食”不同的处世理念，更体现了中国传统文化的精髓。“箫商”则是杨家大院主人舍农经商后，深思熟虑提出的治家做人经商之道，是大西山经典的家训，是西山几百年煤炭商人的杰出代表，是对中华优秀传统文化的传承和弘扬。作为大房山深处的古村落，人们用多种文化形式表达着自己的精神诉求，在年复一年的农事节日庆典、花会活动中积淀了厚重的民俗文化，大鼓会、银音会、评剧、山梆子等村民喜爱的文化活动，丰富着人们的业余生活，多年传承的“水峪中幡”不但成为水峪村传统文化的旗帜，更成为房山乃至京西传统文化的旗帜。

家国情怀

位卑未敢忘忧国，是中国人的脾气秉性。精忠报国，是中华民族传统文化的核心和灵魂。

1937 年 7 月 7 日，卢沟桥事变，良乡、房山沦陷。日本侵略者掠夺房山煤炭资源，实行“以战养战”政策，继而控制南窖地区的高线铁路，挟制各村实行“保甲制”，取代以前的“老会”，杨天纵接替父亲担任“保长”。1938 年 3 月，房涞涿联合县游击支队队长包森，在南窖一带通过演讲会、刷写标语、入户交谈等多种方式，宣传抗日方针和政策。包森了解到年轻的“保长”杨天纵思想进步后，便勉励他多为抗日做工作。杨天纵、王广楼等水峪人从此走上抗日道路。包森组建起房良地区第一支中共领导的抗日武装——房良七支队，在大房山竖起抗日救国的旗帜。

1938 年 5 月，房良联合县抗日政府成立，水峪村建立村救国会、青救会、妇救会、儿童团等组织，水峪村人民在房良联合县政府的领导下，奋起开展抗日斗争。1945 年 8 月 15 日，日本宣布无条件投降，水峪村成立中共水峪村支部委员会，建立村政权。水峪村人民开始了解放区的新生活。面对国民党反动派还乡团的凶残反扑，村党组织团结带领广大群众，坚决阻止国民党反动派还乡团对解放区的破坏和进攻，巩固了根据地胜利成果。

从抗日战争到解放战争，全村先后有 20 多名革命烈士献出了宝贵生命。老一辈的革命精神激励着一代又一代水峪村人，永远跟着共产党，向着胜利前进。

共同富裕

中华人民共和国成立后，水峪村党组织在上级党委、政府的领导下，带领全村党员干部群众，实行土地改革，人人分得了土地。20 世纪 50 年代至 60 年代，全村通过社会主义改造和经济体制变革，农村经营管理方式相继由“互助组”“初级社”过渡到“高级社”及“人民公社”。

1978 年党的十一届三中全会召开，全大队实现工作重心转移。1983 年 3 月始，房山区撤销公社及大队建制、实行乡村建制后，水峪村开始落实经济体制改革，推行土地联产承包责任制。1984 年，水峪村党支部在乡党委、乡政府的指导下，组织成立村民委员会；同时在党支部、村委会的领导下，组建经济合作社，朝着中国特色社会主义新农村的小康生活迈进。

文教兴村

水峪村重视教育，崇尚诗书济世长。读书识字是传统村风。民国前兴办私塾，民国建有小学堂，抗战胜利后建有高小，中华人民共和国成立初建有小学。中华人民共和国成立前，就有水峪村学生考入高等学府。截至 2018 年，水峪村 80% 的家庭有大学毕业生，有百余人在各级学校从事过教育工作。

2007 年年底，水峪中幡被列入北京市首批“市级非物质文化遗产名录”。水峪中幡源于明朝，由冯氏村民从涿州大邵村拜师学艺，后手把手传给村民，为庙会（又称堂会）祈雨纳福表演之用。至清咸丰年间，水峪舞幡蔚然成风。改革开放以后，水峪村传承中幡项目，2008 年北京奥运会期间，水峪女子中幡队应邀参加开幕式垫场表演。

水峪村党支部、村委会利用村域自然生态优势，整理挖掘古村民俗文化资源，加快产业结构调整，大力发展文化旅游。2012 年 9 月 25 日，水峪村被评为 2011—2012 年度“北京最美的乡村”。2012 年 12 月，水峪村入选“中国传统村落”名录。2014 年，水峪村被住房和城乡建设部和国家文物局评选为“中国历史文化名村”。2015 年 10 月，被中国生态文化协会评为“全国生态文化村”。2016 年 10 月，被农业部评为“中国美丽休闲乡村”。2018 年 7 月，被司法部和民政部评为“全国民主法治示范村”。

基本村情

水峪村坐落于北京西山大房山中部。大房山是草原文明与中原文明的重要界山。水峪村源于大房山军事、经济、文化和社会交往的古道文化发展中。村落定居始于隋唐时期，形成于明代。全村由山岭和沟谷自然分割成东西两部分，历史上曾称为水峪东村、水峪西村。全村地势东南高西北低，地质以石灰系硅质岩类山地为主，土质以山地褐土和黄褐土为主，具有较明显的垂直地带性气候。历史上，水峪村河水、地下水充盈，具有山区耕作优势，较为适宜人类居住。

1972 年修建的南沟水库

◉ 建置沿革

村名由来　水峪村，坐落于北京西山大房山的山谷之中。历史上，长年有小河流经村中，河水清澈，鱼游虾动。东西南北多条古道交会的山谷，清澈甘甜的河水，给古道行人留下印象。“水峪”二字，随商旅流传。明代随着人口增多形成村落，得名“水峪村”。一村之名，即一村历史或特色。峪，在汉字中指山谷。水峪，即水量充盈的山谷，是水峪村基本的地形地貌特点。

历史沿革　水峪村，历史上先后隶属于中都县、良乡县、房山县。大房山为太行山分支。大房山秦代称大防岭，东汉时改称大房山，隋代称防山，五代时复称大防岭，自金代始，更名大房山。北京西山大房山是草原文明与中原文明的重要界山，具有重要的军事意义。

朝代更迭，疆域更新，水峪村隶属关系不断变更。

中都县设于燕代，县治在今窦店西里许。秦始皇二十三年（前 224）改中都县为良乡县。水峪村隶属良乡县。

隋朝末年，刘武周趁乱割据一方，屯兵三角山，凿井修城，后称“三角城”，水峪村属刘武周统辖。

唐武德二年（619），李世民击溃刘武周，唐太祖李渊于燕支城置辽州，后徙治营州城内。贞观元年（627）更名威州。通天元年（696）营州陷于契丹，遂徙威州治于幽州良乡县石窟堡（今房山区霞云岭乡上石堡、下石堡），领威化一县，后废。唐开元二十三年（735）十月十五日镌刻于北窖村鸡毛洞口石壁上的“房山乡”领属碑文记载，水峪隶属良乡县房山乡。

唐朝末年，卢龙节度使刘仁恭筑馆大安山，与其子刘守光先后控制南窖沟。刘仁恭于张坊建东关，于六渡建西关，建有大安山至红煤厂、水峪、石堡、四合、东关上、张坊古道。水峪村是古道上的重要村落。天祐四年（907），后梁将军李小喜发兵攻占大安山一带，掳刘仁恭，水峪村遂属其控制。

经五代十国战乱后，水峪村在契丹会同元年（938）开始，属南京道幽都府良乡县。宋、辽时期，大房山是南北政权的疆界，双方争夺的战场。辽开泰元年（1012）改属南京道析津府。北宋宣和四年（1122），金人攻破燕京，次年，宋对金许岁币与代税，金对宋交割燕地。宋取得燕京改置燕山府路，治燕山府（即广阳城），水峪属燕山府良乡县。北宋靖康元年（1126），金灭北宋，完全控制了大房山地区，水峪复归金管辖。

金贞元元年（1153）属中都路永安府，次年属大兴府。水峪村落隶属于万宁县。贞元三年海陵王下令于中都西大房山择地修建皇家陵寝，以大房山云峰寺为山陵，葬始祖以下十帝之陵于大房山，为奉山陵，于大定二十九年（1189）析良乡县置万宁县，嗣筑土城于山前，水峪村落隶属万宁县。明昌二年（1191）万宁县更名奉先县，属中都路涿州。

元至元十六年（1279），灭南宋，改都大都（今北京）。至元二十七年改奉先县为房山县，房山县西北县界今涞水县镇厂。镇厂通过芦子水、堂上、石堡、水峪、车厂、迎风坡与房山县城相通。水峪村始终是该古道上的重要村落。

明永乐元年（1403），改北平府为京师顺天府，房山县隶属顺天府涿州。水峪村隶属顺天府房山县太平里。直至崇祯十七年（1644）夏，多尔衮率领清军占领北京地区。

清顺治年间（1644—1661）设顺天府，领 5 州 22 县，含房山县，水峪村属房山县辖域。康熙四年刻本《房山县志》载，清康熙时期（1662—1722），房山县辖区 179 个村，含水峪村。

20 世纪 40 年代前的水峪古商道

1911 年，辛亥革命爆发，推翻封建王朝，建立中华民国，水峪村隶属京兆地方房山县管辖。民国十七年本《房山县志》载，水峪村落分为东水峪村、西水峪村，隶属河北省房山县五区。

1937 年卢沟桥事变后，水峪村置于日本建立的伪房山县政府统治之下。1938 年 3 月，中国共产党建立房涞涿联合县政府南窖区政府，水峪村先后隶属房涞涿联合县、房良联合县政府领导。1939 年 6 月，日军在南窖村建立据点，水峪村置于日伪统治之下。1945 年 8 月，日本宣布投降，水峪村属解放区民主政权房山县七区南窖行政管辖。1948 年 12 月，房山县城解放，房山县人民政府进驻房山县城。

1950 年至 1958 年 3 月，水峪村隶属河北省通县专区房山县南窖乡。其间，村党组织推动群众成立生产合作化组织。

1958 年 4 月，实行人民公社制度，公社下设生产大队，水峪大队在党支部的领导下成立生产大队，先后划归北京市周口店区百花山公社及河北公社。1960 年，水峪生产大队划归北京市房山县南窖公社管辖。1980 年 11 月，水峪大队属北京市矿务局工农区办事处所辖南窖公社。1983 年 3 月，北京市撤销人民公社、生产大队建置，实行乡（镇）及村建置。南窖公社更名为南窖乡，水峪村属北京市矿务局南窖乡管辖。水峪村成立村民委员会，在党支部的领导下实行村民自治。

1993 年 1 月，水峪村归属北京市房山区南窖乡管辖至今。

2004 年，水峪村被确定为“北京市民俗旅游村”。2012—2018 年，水峪村相继被评定为“中国传统村落”“中国历史文化名村”“中国最美休闲乡村”“全国民主法制示范村”。水峪村以传承发展传统村落优秀传统文化为平台，以传统村落旅游为载体，全村经济社会发展迈开新的步伐。

◉ 区位交通

地理区位 水峪村位于北纬 39° 75′ 与东经 115° 82′ 的地理坐标交会点，地处北京市房山区大房山的深山腹地，在房山区南窖乡西南部，距市中心 80 千米，距房山区政府所在地拱辰街道 52 千米，距 108 国道 8 千米，距南窖乡政府 2.5 千米。全域北至南窖村地界，东南与三合村接壤，西南山场与霞云岭乡大草岭村为邻，村域面积约 10 平方千米。

道路交通 20 世纪 30 年代以前，村里没有公路，只有山路和骡马驮运路把各个山村相连。水峪村位于西山大房山中心地区。历史上，大房山的军事和经济地位非常重要，几条骡马驮运路交会于水峪村。沿着骡马驮运路，在水峪村形成了几条不同方向的山村古道。

金代建立房山城，水峪村到房山县城的骡马驮运路，是房山县城通往霞云岭、红煤厂等不同方向的重要山村古道。金代到明代房山县隶属涿州，水峪村客栈成为大安山到涿州古道的重要客栈之一。

20 世纪 50 年代前水峪村民出行的山路

1939 年，日本侵略者为强化南窖据点，掠夺南窖地区的煤炭资源，特别是对平西抗日根据地实行军事封锁，在拓宽原良坨路基础上，又修通坨里至南窖、红煤厂至大安山两条公路。坨里至南窖公路为河套沟公路干线，始于坨里，中经磁家务、河南、陈家台、班各庄、黑龙关、佛子庄等数十个村，直抵日伪重要据点南窖。

路宽 4 米，长约 35 千米，属沙石路。

中华人民共和国成立后，房山县人民政府不断加大对河套沟公路建设的投入，从 1956 年到 1983 年，对良乡至南窖的公路不断进行拓建、改建，提升公路级别。1964 年，经国务院批准修建 108 国道，翌年 3 月动工，1969 年 9 月竣工，是联通北京市和河北、山西两省重要交通干线。水峪村位于南窖乡公路的最南端。南窖乡公路在红煤厂村与 108 国道相连接。

◉ 自然环境

地貌 水峪村落由山岭和沟谷自然分割成东西两部分，俗称东水峪村和西水峪村，略呈三角形。地势东南高西北低，最高屏障为域外东南方向的猫耳山，海拔 1307 米，

水峪村西王位山（2017 年）

最低处为域内西北的水峪口。村域平均海拔 754.9 米。域内由高到低由东大岭、乌鸦山、长岭子、王位山、南坡岭、栗台岭、松树岭、赵坟梁等山岭次第连绵环绕。在 10 平方千米的村域面积中，山地面积达 96.7%。历代村民开垦的上千亩石垒梯田，层层叠叠镶嵌在杨家岭、葫芦棚、二道沟、银水道、白草洼、水泉陂、白岭、板桥沟、西山底下、大黑疆等山岭沟谷坡地上，与广袤的山野牧场互为映衬，形成独特的生态地貌。

气候水文 村域山地自然形成较明显的气候垂直地带性。大体以海拔 700 ~ 800 米为界，界下为暖温带半湿润季风气候，界上中山区为温带半湿润半干旱季风气候。四季分明，冬季漫长，春秋季短暂。

水峪村降水主要集中在 6 ~ 9 月。夏季平均降水 490 毫米，占全年降水的 75.9%；春季平均降水 59.9 毫米，占全年降水的 9.3%；秋季平均降水 85 毫米，占全年降水的 13.2%；冬季平均降水 10.4 毫米，占全年降水的 1.6%。常年初雪日在 11 月下旬；终雪日一般在 3 月下旬，偶有 5 月雪发生；积雪日为 17.9 天，初冬积雪日 6 ~ 8 天，背阴处达 10 ~ 12 天，最长积雪日达 19 天。

春季光线充足，气温回升快，昼夜温差大，干旱多风沙，有倒春寒、晚霜及寒潮危害。春季是全年日照时数最多的季节，为 6 ~ 7.8 个小时。由于地势高、西山大房山阻挡，植物返青、果树开花比平原晚至少一个节气。

夏季炎热多雨，相对湿度较大，云量多、风力小，时有暴雨发生，多冰雹、雷雨、大风等灾害天气，偶有泥石流发生。由于山高引起气温显著变化，海拔 800 ~ 1200 米地带年平均气温为 6℃ ~ 8℃；山顶地带夏无炎暑，7 月的月平均气温在 20℃以下，适宜避暑。

秋季晴朗少雨，光照逐渐减少，降温迅速，昼夜温差较大。

冬季盛行偏北风、西北风，有些沟谷因走向使风向发生改变。由于受寒潮的影响，会出现大幅度降温；平均气温为 −3.56℃；最冷日一般出现在 12 月下旬至 1 月下旬，气温为 −14℃ ~ −26℃。

20 世纪 50 年代以前，村域地下水充盈，东村的上庵儿及娘娘庙前河沟有多处泉眼，村民多饮用泉水；之后地下水位逐年下降，以致村中几处泉水断流，村民靠掘井饮水。

村域有自然形成的东沟和南沟（又称西沟），两沟河水在村中心汇合后经水峪口流向南窖河。20 世纪 50 年代以前，东西两条河沟常年溪流潺潺，每年农历二月冰雪消融时流量增加。20 世纪 50 年代以后，村域山泉水逐渐枯竭，东西两河变为季节河流，一般在每年 7 月雨季发大水，易造成洪涝灾害。

地质土壤 第三纪末期，水峪村位于中朝准地台燕山台褶带的中段，沉积地层除缺失古元古界、新元古界的震旦系、古生界的上奥统至下石炭统外，其他地层均有发育。岩石类型以鲕粒灰岩、豹斑灰岩、泥质条带灰岩为主，夹有页岩、板岩、千枚岩、白云岩。板岩矿体储藏丰富，分为 A、B、C 三区。A 区为 P014 号板岩（或大理石）；B 区为 P007 号板岩；C 区为 P014 号（或大理石）。其储量保守计算为 2500 万立方米以上。

历经 7000 万年的沧桑演变，村域最终形成以石灰系硅质岩类山地为主的地质，其土质以山地褐土和黄褐土为主。低山地质条件主要为碳酸岩类，形成的土壤为淋溶褐土；在岩石裸露、植被退化、地表剥蚀严重的地带，多发育为普通褐土。均呈中性微酸土壤。

村域植被 村域东南自猫耳山到西北山场，依次分布有山顶杂类草甸，华北落叶松为代表的针叶林，落叶松、桦木、辽东栎、山杨为代表的针阔混交林，桦木、辽东栎、山杨为代表的阔叶林，包括乔木层、灌木层和草本层；栎类萌生丛、鹅耳栎萌生丛等灌木丛，包括灌木层、草本层，白羊草、菅草、黄背草、荻草、翻白草等草丛。植物类型以北温带分布类型为主，随着纬度的升高，温带成分增加，热带成分相应地减少，菊科、豆科、蔷薇科、禾本科等一些世界性大科的种类，均在本区植物区系中扮演重要角色。

山地乔灌木类植物有油松、侧柏、火青杨、小叶杨、桦、筐柳、胡桃、核桃楸、鹅耳栎、青杠树、槐树、榆树、椴树、香椿、臭椿、漆树、菜树、牛棘、松树、桑树、锦鸡儿、金雀儿、黄连、酸枣、黄栌、鼠李、木槭树、五角枫、山杏、山桃、柿、黑枣、毛白杨等。

草类、藤类及蕨类植物有藜、野苋、牛蒙、白头翁、草乌头、蒙桑、四季牡丹、细叶铁线莲、短尾铁线莲、飞燕卓、翠菡、北五味子、荠菜、葶苈、土三七、克氏景天、瓦松、八仙花、西伯利亚咤比草、山刺玫、背铺萎陵菜、草莓状泰陵菜、翻白草、地物、山楂叶悬钩子、龙芽草、花椒、苦参、酢浆草、地锦、铁苋菜、湖南连瞿、柴胡、当归、白芷、防风、照山白、咽暗花、小叶白喈、獐牙菜、白前、野亚麻、苍耳、车前、向日葵、胡枝子、多花胡枝子、白花胡枝子、长叶铁扫帚、达马里胡枝子、鸡眼草、大野豌豆、洋槐、荆条、白进、紫苞凤毛菊、华北凤毛菊、蒙古凤毛菊、平傣、毛裤、虎榛子、地愉、龙芽草、太阳花、大梁愉、石竹、瞿麦、麦瓶草、大花剪秋萝、毛轴蚤缀、飞燕葶、翠雀、类川针雀、山大烟、荷花牡丹、香苍草、大平花、八仙花、梅花草、山刺玫、施氏蔷薇、山楂叶悬钩子、冰杨梅、野梨、本氏木兰、葡萄、附子叶蹄葡萄、野西瓜茵、羽叶堇、野秋海棠、二地花丁、草乌头等。

山地小叶桑（2017年）

水峪村药用植物很多，常见的药用植物主要有以下品种：垫状卷柏、旱生卷柏、圆枝卷柏、中华卷柏、蔓出卷柏、节节草、间荆、蕨、银杏、油松、侧柏、银线草、枫杨、核桃、核桃楸、板栗、栓皮栎、蒙古栎（柞栎）、榆、青檀、小叶朴、大叶朴、桑、构树、大麻、马兜铃、苦荞麦、扁蓄、酸膜叶蓼、刺蓼、东方蓼、齿翅蓼、卷茎蓼、拳蓼、河北大黄、藜、猪毛菜、马齿苋、草乌、白头翁、大叶铁线莲、太行铁线莲、地丁草、诸葛菜、荠菜、溲疏、独根草、山楂（山里红）、山荆子、杜梨、龙牙草、蛇莓、地榆、玫瑰、杏、山桃、欧李、毛樱桃、山樱桃、榆叶梅、桃、李、樱桃、合欢、紫荆、皂荚、紫穗槐、米口袋、杭子梢、红花锦鸡儿、胡枝子、白指甲花、长萼鸡眼草、野大豆、葛、槐、紫藤、酢浆草、鼠掌老鹳草、蒺藜、黄檗、崖椒、花椒、臭椿、苦木、香椿、远志、小扁豆、铁苋菜、雀儿舌头、地构叶、叶底珠、地锦、斑叶地锦、大戟、漆树、盐肤木、黄连木、黄栌、南蛇藤、省沽油、元宝槭、色木槭、七叶树、栾树、酸枣、鼠李、山葡萄、桑叶葡萄、蒙椴、糠椴、扁担杆、狗枣猕猴桃、堇菜、紫花地丁、中华秋海棠、八角枫、柳叶菜、楤木、刺五加、北柴胡、红柴胡、田葛缕子、蛇床、辽藁本、大齿山芹、防风、杜鹃、狭叶珍珠菜、狼尾花、柿树、君迁子、白蜡树、连翘、迎春、紫丁香、暴马丁香、杠柳、地梢瓜、白首乌、牛皮消、鹅绒藤、白薇、变色白前、羊角子草、打碗花、藤长苗、田旋花、牵牛、鱼黄草、菟丝子、荆条、紫苏、丹参、雪见草、黄芩、松蒿、地黄、水蔓菁、水苦荬、列当、牛耳草、透骨草、车前、茜草、薄皮木、猪殃殃、忍冬、金银木、金银花、接骨木、败酱、裂瓜、桔梗、党参、羊乳、沙参、牛蒡、大丁草、火绒草、鬼针草、小花鬼针草、甘菊、小红菊、大籽蒿、猪毛蒿、茵陈蒿、南牡蒿、牡蒿、牛尾蒿、黄花蒿、白莲蒿、歧茎蒿、艾蒿、苍术、刺儿菜、苦荬菜、蚂蚱腿子、大丁草、桃叶鸦葱、细叶鸦葱、毛连菜、蒲公英、苦苣菜、山莴苣、三裂叶豚草、黄背草、狗尾草、稗、白草、蟋蟀草、画眉草、独角莲、天南星、半夏、火柴头、竹叶子、雉隐天冬、曲枝天门冬、知母、黄花菜、萱草、玉簪、山丹百合、宝铎草、黄精、二苞黄精、小玉竹、玉竹、茖葱、小根蒜、球序韭、细叶韭、藜芦、绵枣儿、穿龙薯蓣、野山药、野鸢尾、马兰、角盘兰、绶草等。

野生动物 1950年前，在水峪一带活动的野生哺乳类动物有6目15科37种；鸟类有10目35科117种；爬行类动物有3目5科21种，其中蛇就有17种；两栖类动物有2目3科6种。西山落叶松林里密生着难以数计的红蚂蚁。山涧溪水中生活着以鲤科、鳅科为主的30多种野生鱼类与河虾。深山幽谷密林中常有凶猛动物出没。据传，村域“老虎食沟”“豹井沟”“豹井安”这些地方得名，正是因为过去有人在此用“倒门子”逮住过老虎、豹子的缘故。

1950年以后，村域海拔500米以下的山场，由于人为活动影响，水土流失严重，土层趋薄，阳坡植被覆盖度下降，仅残生混杂荆条的黄草与白草群落；海拔500米以上仅留小面积的侧柏林、栓皮栎林或辽东栎疏林。虎、狼等凶猛野生动物基本匿迹；山岭沟谷常见的是松鼠、鼯鼠、黄鼬、赤狐、野兔、地狗、五道眉、蛇、蝎、啄木鸟、布谷鸟、寒号鸟、雀、燕、黄鹂、鹊、鹰、鸦、野鸭、天鹅、山鸡、石鸡等飞禽走兽。

2000—2018年，水峪村实现退耕还林后，持续注重水土涵养工作，褐马鸡、野猪、山羊、狍子等珍稀动物又开始在山场活动。另据有关部门2018年调查统计，分布于村域山场的昆虫类有2纲11目59科125种，仅各种蜂类就有20余种；害虫天敌有瓢虫、步甲、虎甲、寄生蝇、食蚜虻、食虫虻、小花椿、盲椿、草蛉、蚁蛉、蓟马、螳螂、蜻蜓、豆娘、艳娘、蜘蛛、蠖螋等。春、夏、秋三季，村域西山生态园梯度呈现蜂飞蝶舞、鸟语花香；冬雪天，依山错落的村街可遇“红柿殷白雪，喜鹊闹中幡”景象。

自然灾害

气象灾害 20世纪60年代以前，水峪村主要是靠天吃饭。每逢遇到干旱，都会造成粮食减产或绝收。

明嘉靖九年（1530）二月京畿地区大旱，嘉靖十一年十二月顺天府又遇旱情，波及京西平原地区，有人翻山越岭到水峪一带，靠采食野菜山果度过灾荒。

清康熙二十八年（1689）、乾隆十年（1745）四月、嘉庆十六年（1811）四月京畿大旱，有京西平原的山西移民刘、王、杨等宗族后裔先后到水峪，或开荒引泉，或投亲靠友，以度饥荒。

清雍正十二年（1734）村域大旱，岩缝山泉悄然断流，东沟（上庵儿沟）及南沟溪水相继干涸，庄稼干枯，村民生活用水要到5千米外的水泉陂汲取。

1939年盛夏，大房山地区连降暴雨，村域东沟和西沟（即南沟）两河泛滥，东沟洪水冲垮石板桥、淌过大槐树街，满贯涌出东瓮门；西沟巨浪将两旁大树连根拔起，将西瓮门前的影壁席卷而去；两沟洪流在村中盘旋混合后势不可挡，自东南向西北倾泻，掀翻村街两旁数间房屋，淘刷挟裹着一应杂物，向水峪口奔涌而去。

1942年春夏，数月天旱，水峪村田裂泉枯，颗粒无收，疾病流行，部分村民背井离乡、逃荒求生。

1950年始，村域山泉水断流。

1950年夏天，房山县二、五、六区突降冰雹，村域山果受损。

1951年春夏无雨，村域梯田旱情严重，减产60%以上。

1951年6月28日下午，房山县五、六区遭风灾，波及水峪村，农田减产25%。

1959年秋冬至1961年夏，房山县全境300多天未下雨，水峪大队部分春作物和果树枯死，1000余亩农田减产三成以上。

1967年霜降节气前，寒流突袭水峪大队，各生产队多头毛驴来不及转移，冻死在西山上。

1969年8月29日，房山县史家营、南窖、交道等7个公社遭受冰雹袭击，灾情严重地区积雹达16.7厘米，零星冰雹重达2.8千克，水峪大队部分山果减产。

1970年春旱，水峪大队东沟井水干涸，村民要绕十多里山路到南沟骡子港去找饮用水。

1978年9月17日，霞云岭、史家营、南窖、河北等9个公社遭雹灾，水峪大队谷物受损。

1988年，村域遭受特大水灾，农业减产减收。

2012 年 7 月 21 日，百年不遇的暴雨充溢水峪南沟水库，外泄洪水将驻军堆砌的沙石山冲毁，泥石流顺势冲下，致使村中新修道路成河床，满目疮痍，无人员伤亡。

2012 年 7 月 21 日水峪发生洪灾

病虫害 清乾隆三十九年（1774）四月，顺天府各州县旱蝗灾严重，京西平原地区有饥民迁徙水峪村投靠宗族亲友度日。

人口姓氏

人口源流 大房山的军事地理位置，决定了水峪村在朝代更迭、兵事频繁的历史进程中人口流动的复杂性。水峪村的人口源流有“晋商驼队后裔”“山西大槐树移民”“大西山避难”三种说法：

一是晋商驼队说。在民间有许多关于晋商驼队的传说，讲晋商跋涉、驻足水峪村，在古道旁开设客栈、安营扎寨，甚至落户水峪。晋商驼队，可以理解为晋朝商人驼队，也可以理解为山西商人驼队。

二是大槐树移民说。明洪武四年（1371）至永乐三年（1405），朝廷为了御敌安民、发展生产，实行军屯政策，相继 19 次从山西大槐树移民 3 万余户，在京郊平原安营扎寨、垦荒屯田。这是一种比较广泛的说法。《明史》《明太祖实录》《日知录之余》及不少家谱资料记载，明洪武四年（1371）开始有“山西移民”进入大房山。

三是“大西山避难”说。民间传说，明朝廷敕令，迁徙之民不得返乡，发现者重罪处之。偶有逃脱者，因怕治罪、不敢再回山西原籍，被迫躲进大房山求生。

考察水峪村，人口源流没有明确文字表述，但族谱记载，宗族先祖均是明代山西移民。水峪村传承下来的杨氏、王家谱牒记载，在京西平原繁衍生息 200 多年后，至明末清初，因灾荒不断、战乱频发，为保全身家性命，纷纷沿古道奔西山大房山到水峪落脚，开山垦荒、繁衍生息，逐渐形成聚落。水峪村地处北京西山房山中心地带，降雨量比较充沛，历史上水灾比较频繁。明嘉靖九年（1530）夏天，京西平原永定河水泛滥成灾，当地有人流落到水峪一带求生。清乾隆四十五年（1780）七月二十二日，顺天府良乡县永定河决口，殃及民生。受以上两次水灾影响，先后有当地山西移民刘、王、杨姓家族后裔到水峪落户。

户籍人口 从不同时期的户籍人口统计资料看，水峪村的人口在1928年达到高峰，中华人民共和国成立时为低谷，中华人民共和国成立以后，人口迅速增加。随着改革开放，越来越多的人走出了山村，加之计划生育政策的实施，新出生人口不断减少，村里人口数量不断减少，人口老龄化比例不断提高。

民国十七年本《房山县志》载，房山县257个村庄，超过1000人的村庄仅有40个，水峪村人口118户1586人，是房山县比较大的村落之一。

1964年，水峪大队户籍人口共有237户1359人，男661人、女698人。其中，常住农业人口1333人，男645人、女688人；12岁以下的儿童325人，80岁以上的10人，90岁以上的1人。

1970年，水峪大队户籍人口数量达到中华人民共和国成立以来最高的水平，共有369户1520人。随之，总数逐渐下降。1983年，水峪村具有水峪村籍的户总计377户1287人，男552人、女735人。人口处于一个新的相对稳定时期。

1990年，水峪村户籍人口428户1230人，男555人、女675人。

1992年，全村户籍人口415户1000人。2004年，全村人口达到431户1041人。2007年，全村人口达到424户1074人。

2011年，水峪村户籍人口492户1307人。其中，60岁以上的老人264名，70岁以上的老人96名，80岁以上的老人34名，90岁以上的老人9人。2018年，水峪村户籍人口达到628户1296人，男653人、女643人。

据人口普查资料记载：

1950—1960年间，水峪村户籍人口年均出生率为26.98‰，年均死亡率为11.2‰，年均自然增长率15.78‰。

1961—1970年，水峪大队户籍人口年均出生率30.99‰。其中，1963年人口出生率高达46.2‰，为中华人民共和国成立以来峰值。年均死亡率则因医疗条件的改善，自1965年始降至10‰以下，最低年份为1967年，死亡率仅为5.6‰。

1973年，水峪大队户籍人口年均出生率控制在13.73‰，年均死亡率11.18‰，自然增长率为2.55‰。1976年，水峪大队出生率降至中华人民共和国成立后最低点的6.4‰。

截至2018年，村户籍人口1296人，男653人、女643人。

主要姓氏 自明代起，先后有外乡村民为生活迁徙水峪村、落户水峪村。在多年的婚姻关系中，先后有外乡村民嫁入水峪村。至2018年，村民主要有王、杨、陈、孟、隗、邢、张、姜、金、刘等姓氏。

水峪东村王氏家谱记载，其先祖王大金和王大银兄弟二人，由其父（无名）一担挑来，初在东街长岭坨附近落脚，先开垦大杨树一块家族祖坟地，后代又开垦了大黑疆、水泉沟等私田。其中王大金一支曾迁出水峪，后第九代又迁回，从此字辈排序为“太”“旬”“丙”“庆”“怀”“恒”，至2018年传至第十五代。王大银一支，其后代字辈排序为“仕”“自”“进”“国”“乾”“永”“达”“明”“良”“玉”“贺”“丙”等，至2016年传至第十八代。落户水峪西村的王姓俗称“西王”。西王家族高祖为王朝、王昊兄弟二人，后代分王进义、王进江、王进亮、王进亭四大支。一、二代开垦的祖坟地有东花地、平岭、大花地。其后自第三代始，名讳字辈列序为“宗”“计”“贵”“仕”“全”“有”“天”“振”“凤”“瑞”等，至2018年传至第十四代。

水峪村杨氏高祖杨代保，明末清初从京畿永定河畔李家峪举家迁至水峪。初来乍到，先在长岭坨下搭草铺两间（俗称“小铺儿院”）居住，相继置办的祖田有大花地西坡、板桥沟、上庵儿。杨代保后代分四大支，名讳分别为“进岱”“进孝”“进山”“进川”。第三代各支名讳分别有“春”“夏”“秋”“冬”“义”“花”；第四代为“自”字辈；第五代名讳有“杰”“浦”“潭”，以水带字；第六代是“希”字辈；第七代名讳有“肖”“志”“振”“成”；第八代为“文”字辈；第九代为“武”字辈；第十代为“玉”字辈；第十一代为“庆”字辈；第十二代为“天”字辈；第十三代为“万”字辈；第十四代为“守”字辈；之后不讲究字辈名讳。至2018年传至第十六代。

水峪村陈家先祖为陈宗钦、陈宗孝，清乾隆年间（1736—1795）由史家营迁来。先住上庵儿。祖田大台岭、北园子沟口。至2018年已传十三代。

水峪村孟氏家族于清康熙年间迁来。祖居西街，祖田在大黑疆，已传十三代。

水峪村邢氏先祖，明朝初年，先由山西洪洞大槐树移民至房山石门，传至数代后，于明末清初，再翻越大房山落户水峪村。

水峪张家先祖张顺、张昆，清末从北窖搬来时住在东大槐街，传至八代。

水峪姜家和金家迁水峪村至2018年历四、五代。

水峪村姓氏中，隗氏家谱记载，先祖隗伺贵，清乾隆年间自北窖村迁来。初居后岭坑，至 2018 年已传十二代。

◉ 发展概况

党务、村务建设 唐代，实行乡、里（村）制，百户为里，五里为乡。辽金时仿唐制，仍行乡、里（村）制。元代，实行乡、里、甲（村）制。县领乡，乡领里，里领村。村事务管理机构为“会里”，简称“会”，由一至三人组成。

中华民国建立后，改行区、村制。民国初期，水峪村仍沿用“会”（俗称“老会”）管理村内各项事务。当时由于西山大房山西麓的南窖一带军阀混战，“老会”的人不仅要负责与各派割据势力周旋、应付征收各种税赋，还要调解村民之间的矛盾纠纷。

1937 年卢沟桥事变后，日军侵略南窖地区，为维持治安，实行“保甲制”，即“十户为一甲，十甲为一保”，全村总负责人称为“保长”。水峪村的“保长”即由原来的“会长”过渡而来。“保长”手下还有两名“地方”协助其工作，办公地点在水峪东村娘娘庙。在日伪政权的监视下，“保长”和“地方”名义上为日军效劳，应付日伪军的差役摊派，实际上则利用“保长”和“地方”的身份做掩护，开展抗日斗争，是房良联合县政府领导的抗日村政权。1939 年始，杨天纵任村政“老会”负责人，带领村民在中国共产党房良联合县政府的领导下，配合八路军游击队，与驻扎在河北及南窖一带的日军进行各种形式的斗争。

1937—1939 年日伪兵驻扎在房山县河北镇

王家后头屋曾为抗日党组织的秘密会议地址（2017 年）

1945 年日本投降，水峪村成立中共水峪村支部委员会，建立村政权，团结广大群众，阻止国民党还乡团对解放区的破坏和进攻，巩固根据地胜利成果。在县区党组织的领导下，村民兵队伍在大房山上设岗、埋地雷，坚壁清野。在进行土地改革的同时，组织民兵参加大雁窝战斗，配合解放军巧俘国民党溃军。并发动群众稳定本地的社会治安。1946—1948 年，水峪村党员由最初的 14 名增加到 90 名，并成立了党总支。1948 年 12 月，房山县城解放，水峪村党组织、村政权在各级党委、政府的领导下，进入社会主义革命和建设新时期。

1950 年朝鲜战争爆发，村党总支组织动员村民积极报名参军，抗美援朝，保家卫国。村民王福安、杨雄、王延荣、杨天航、杨星、刘天普、杨守礼、王宽、王二印等人，积极应征入伍，加入中国人民解放军赴朝鲜作战。王宽在参加上甘岭战役时壮烈牺牲。

1954 年，水峪村农业合作化运动开始，水峪村成立第一个老社（互助组），社长（组长）刘天普，有十四五户组员加入。1955 年，水峪村成立了第一个新社（初级社），社长杨万忠，社员十几户。1956 年全村开始并社，农业生产进入高级社阶段。1958 年，水峪村进入人民公社时期，生产资料实行“一平二调”，水峪大队有 380 亩土地和一群羊无偿划拨给南窖大队。其间，全大队扫除文盲，大队成立幼儿园、幸福院，深受群众欢迎；同时也出现“刮共产风”“三面红旗”“大炼钢铁”“诗画满墙”等形式主义现象。1958 年，水峪大队在东街、西街共设有 3 个食堂，群众集体劳动“吃大锅饭”，不久食堂解散。1966 年，“文化大革命”开始，水峪大队成立革命委员会。

1982 年秋，水峪大队实行联产承包责任制，生产队集体经营变为一家一户个体生产经营。1983 年 3 月，房山县贯彻落实中央指示，撤销公社及大队建制、实行乡村建制后，水峪成立村民委员会，实行村民自治。

1999 年，村党支部按照区、乡党委开展三级联创活动的要求，开展五个好党支部建设，建立党员活动室，系统建立村档案。实行村级组织联席会议制度，每月由党支部、村委会和村经济联合社召开一次联席会议，结合本村实际，研究决定本村重要事项、重大活动；研究确定提交村民会议或村民代表会议讨论决定的事项。2000 年，水峪村党支部评为房山区五好党支部。

2010—2018 年，村“两委”班子以践行“北京精神”活动为载体，实行与新农村硬件建设相适应的公德素质培养，利用新建的各类文化、健身设施，推广健康向上的生活休闲方式，将深厚的民间文化发扬光大，不仅逢年过节举办中幡会、大鼓会，同时还组织村民开展遵纪守法、诚实守信、尊老敬老等活动，形成干群关系融洽、邻里和睦相处、村民团结友爱的良好道德风尚。

村域经济 中华人民共和国成立前，水峪村以农业经济为主。村里实行的是封建土地所有制，村里的土地、山场等主要生产资源，都集中在少数人手里。大件生产工具，只有少数人家有。大多数农民主要靠走窑、扛长工、打短工或租种他人的土地为主要经济来源。

中华人民共和国成立前，数不清的苛捐杂税始终是压在村民头上的大山。

明清年代，县衙设粮房征收钱粮，征收的税种有田赋、银差税和力差税。清代征收的税种有田赋、人丁税、旗租税、杂税，清末又增征名目繁多的新税种。遭遇战乱、兵荒、灾年时，村民更是难以度日。没地的村民，每到青黄不接时，主要靠向大户人家借债度日。借债分借钱和借物（借粮食等），多是高利贷。

民国初年，国民政府出台实施《划分国家税地方税草案》，农民不仅要缴纳国家税中的田赋（地税）、契税、捐等，还要缴纳地方税中的田赋附加税、牲畜税、粮米税、油捐、肉捐、屠捐（割头税）等。日伪时期，每到交公粮时，由保长带人扛着秤杆到各家收取，有时也由甲长负责。1943 年，水峪村闹灾荒，有的土地颗粒不收，疾病流行，村中有的家庭不得不离开家园，外出逃荒要饭。

1945 年抗战胜利，水峪村解放。1947 年开始土改时，全村共有耕地 2000 多亩，人均分配土地 2 亩，原土地占有者多退少补。村民实现了耕者有其田。土地改革，打破了几千年的封建土地制度，村民无论老幼，人人有了最基本的生产资料，村民的革命、生产积极性空前高涨。为支持全国解放战争，全村村民齐动员，人人争先恐后，织布纺线做军鞋，日夜推碾磨公粮。1948 年，水峪村交公粮 24 吨。

中华人民共和国成立后，党和政府号召群众组织起来成立生产互助组。互助组中生产资料和产品归个人所有，劳动过程中以“自愿互利、互助互济、以工换工、齐工找价”的方式互相帮助。1954 年，水峪村实行合作化。1956 年，水峪村成立高级合作社，土地及牲口等主要生产资料归集体，社员分配一律以劳取酬，平时出工记工分，年底决算分红，多出工多收入，少出工少收入。

1958 年建立人民公社，土地等生产资料全部归集体所有，村民变为人民公社社员。社员通过参加集体劳动，获得劳动报酬。

1969—1972年，为改善水峪大队的生态条件，大队干部群众齐动员，驻地部队义务支援，在南沟筑坝截流蓄水，建成占地14亩的“工农兵水库”，蓄水量10万立方米，解决大队里生产用水。在此期间，水峪大队干部群众进行农田水利基本建设。全大队除了打井修路外，还在沟沟峁峁垒造梯田300亩，在大花地修造储水量为17000余立方米的蓄水池，修建200多米通往大台岭的扬水站，铺设大花地水池至东街500米地下蓄水灌渠。当时水峪大队利用水库水浇地，种植小麦380多亩，亩产可达300多千克。

20世纪70年代，水峪大队6个生产队，队队饲养骡马等大牲口，建有牲口棚，有胶轮大车运输货物，饲养牛耕地，饲养羊造粪售卖；部分生产队还有猪场、蜂场等养殖业。各生产队多年加强果树栽培，年产核桃30余吨，作为重要的战略物资，出售给国家。全大队年均产柿子100多吨。1978年，社员人均收入增至120元，为1960年的1.74倍。

1983年，实行联产承包责任制，土地使用权和电动机、脱粒机、马车、牲畜等生产资料归村民个人所有，村民成为自食其力的个体劳动者，通过一家一户的独立生产，获得劳动收入。村民有了一定程度的择业自主性，特色种植、进城务工、工商手工业各显其能。1995年，全村土地实行第二轮承包，该年全村人均纯收入3485元。

村民开垦的梯田（2017年）

2002—2004 年，水峪村落实国家政策，全部实现退耕还林。2004 年，水峪村被确定为“北京市民俗旅游村”。2005 年，村党支部与村委会对全村每座山，每条沟进行综合立体开发，发展“古文化旅游”等产业。

2016 年，通过打造北京市传统村落保护标杆村，年接待游客约 3 万人，旅游年收入突破 70 万元，农村经济营业收入同比增长 10%，财政税收增长 12%，解决了 200 多名劳动力就业，全村年人均纯收入达 9406 元。

村域教育

普通教育 清乾隆时期，水峪东街大北院即开办私塾。清代末年，杨家大院改称“学坊院”，开办私塾，并设新学。民国初年，水峪村开办国立初级小学校。水峪村重视教育，民国时期先后有谢文英考取国立北京工业大学，王淑民考取保定师范，杨天民考取京兆师范。

抗日战争胜利后，水峪村在娘娘庙及官房先后设有村办高小。谢景操任校长，李启贤、郑英、姜玉伯、隗永祥、陈天伦、杨红雷等人先后在村高小任教。高小第一届有 30 多名学生。中华人民共和国成立后，水峪村建立小学校，校长王广楼，学校老师李启贤、郑英、姜玉伯，学生 40 人。1955 年建高小，学校的教学条件得到改善，更多学生立下进入高等学府读书的志愿，勤奋刻苦学习。20 世纪 50 年代，全村考上大学的有杨学文、杨天孚、邢天普、陈银城等人，其中邢天普考取清华大学，陈银城考取南开

20 世纪 70 年代翻修的水峪小学

大学。20 世纪 60 年代的大学生有杨守番、杨天强、王庆魁、杨天明、杨纪治、杨纪维、隗合庭、隗合增、隗合田、隗秀英、杨万英、王占水等人。

1971 年成立农业中学，校长刘志国，第一届有 2 个班 90 多名学生。1973 年，大队发动群众义务劳动，新盖水峪小学大教室 6 间，解决孩子上学难问题。1975 年，水峪大队成立高中，大队里有了第一届高中学生。1977 年撤高中。改革开放以后，为了提高教学质量特别是升学率，各级教育部门推进集中办学。2000 年，水峪小学并入南窖乡中心校。

截至 2018 年，水峪村 80% 的家庭出过大学生，从事医疗、科研及文化工作者有 150 人左右，其中约有 100 人在各级学校从事过教育工作。

成人教育 水峪村解放以后，非常重视村民的扫盲工作。战争年代，村民的扫盲工作主要是识字。中华人民共和国成立以后，各级党委、政府有步骤地通过举办夜校，推进扫盲工作。水峪村团支部、民兵连积极在民兵和团员中开展扫盲工作。聘请学校老师担任夜校老师，系统教授文化课程，一直到 20 世纪 60 年代中期。通过夜校学习，村里没有读过书的年轻人中年人都达到了初小、高小以上的文化水平。

村域文化

文化事业 清末民初，水峪村民中爱好戏曲的人，自发成立了评剧团，自编自演评剧，每到大年初一至十五在村中心戏台演出。中华人民共和国成立后，评剧团积极配合村里各项工作的开展，及时排练具有宣传教育意义的评剧节目，不但义务在本村演出，还到南窖地区走村串户表演。20 世纪 50 年代至 60 年代，每逢春节，鞭炮声中，水峪人搭好戏台，从年三十晚上到大年初三，连唱三天四晚，引得四邻八村的乡亲前去观看，增添了水峪的节日气氛。

1947 年土地改革至中华人民共和国成立初期，剧团曾演过《绣鞋记》《夫妻观灯》《夫妻识字》《兄弟开荒》《刘巧儿》《雪海深仇》《万年穷》《小女婿》《红霞》等剧目，宣传党的路线方针政策，提高农民的思想认识，丰富村民的业余文化生活，表扬村里的好人好事，抨击村里的不良风气，深受山乡一带群众欢迎。村里的老人仍记得，只要锣鼓一响起来，戏台下就会人头攒动。村民会放下手中的活儿，挤到戏台前看戏。

该村评剧团演员王丙宽，饰小丑一角，一上台就让观众捧腹大笑，代表作为《刘云打母》；王庆希演老太婆惟妙惟肖；王兆民、杨纪千擅长飞腿跟头；王占强擅长跑驴舞。评戏男演员还有王文常、王庆之、杨金俞、王达、杨万水、王德利、杨万俊、王丙利等；

女演员还有郑秀兰、杨翠萍、陈玉兰、陈秀清、王丽华、杨之蓝、杨淑茵等。“文武场”的乐队有吹唢呐的杨庆河，吹笛子的王广林，拉二胡的王占贤、王伯民和打锣鼓的王占山、王庆祥等。20世纪70年代，村里的老戏骨编排过几场评戏后就再没有传下来。现村戏台基本被现代歌舞和中幡表演占用，已经耄耋之年的老戏骨杨万俊有时戏瘾上来只能自吟自唱几句。

20世纪50年代村里先后办小图书馆，组织村民特别是年轻人学习文化知识和时事政治。苏联地质勘探专家到南窖进行勘探，水峪小学、南窖中学学生与苏联专家进行多场篮球友谊比赛。

“文化大革命”时期，大队建立毛泽东思想文艺宣传队，业余时间组织排练小合唱、独唱、乐器独奏、舞蹈、样板戏等文艺节目，利用节假日为社员演出。

1968年，部队坚持每周为大队社员放映电影，一直到电视普及。

文化传承 2008—2011年，水峪村连续参加“寻找北京最美的乡村”评选活动，2012年9月25日获2011—2012年度“北京最美的乡村”称号。特别是2012年12月，水峪村入选首批“中国传统村落”名录和被评为第六批“中国历史文化名村”后，房山区文化委员会投入200万元、民间集资近10万元，对娘娘庙、瓮桥、杨家大院等重点文物进行修缮保护。

公共设施 1945年前，村里公用的基础设施只有官道、官房。实行互助组合作化以后，各生产队建有场院、库房、牲口棚，购置大车，饲养大牲畜，购买电动机、脱粒机、碾米机等农用机械，集体财产不断壮大。后实行联产承包责任制时，都分给了村民个人。

1972年，水峪大队干部群众在驻地部队及长沟峪煤矿支农队的支援下，在南沟筑坝蓄水，建成占地14亩的“工农兵水库”。“工农兵水库”，最大坝高18米，总库容10万立方米，集水面积4平方千米，可浇田500亩。水库内养殖青鱼、草鱼、鲤鱼、鲫鱼、鲢鱼、鳙鱼、河鳗鱼等多种鱼类，鱼大者十几斤，现已发展为垂钓野炊之场所。

1972年9月，大队在全村架设高低压电网，并通电入户，社员家家告别了千年的油灯，亮起了明亮的电灯。同时在村中心盖起电磨房，告别了推碾子推磨的历史。

1973—1977年，大队党支部发动全大队干部群众做了两件大事：一是用两年时间，挖两口深井，铺设从东井至西街的800多米地下管路，并定点装上自来水，解决社员饮水难的问题，彻底结束分水吃的历史；二是用一年时间，义务拓修水峪操场通经水峪口的公路，七百多人参加义务劳动，解决社员出行的老大难问题，《北京日报》曾予报道。大队党支部还发动群众义务劳动，在水峪小学新盖6间大教室，解决教室不够的问题。

1994年，水峪村工农兵水库的坝基由于岩石风化，破坏严重，给南沟沿线村民的生产生活带来潜在威胁。为防止洪涝灾害，村里投资对坝基进行整修。

1998年，修建东井蓄水池300立方米，村民实现就近吃自来水。

1999年，全村进行低压电网整改，社员电表上杆，用电管理走向正规化。

2001—2002年，全村进行小流域综合治理，清理河道、垒砌大墙近1000米，重新修复南沟水库至冯家沟子的疏水管路4500米。集体不仅对古村东街整修加宽、路面硬化，而且临街砌墙及修排水沟274米。重新修复拓宽村里至西边大南地全长4200米、宽4米多的盘山公路，铺筑水泥路面。

2004年10月，村集体对大灰窑一带河边险户进行拆迁，新建排房36间，于2005年年底竣工；2005年9月，水峪村党支部及村委会办公地址从西沙地迁至水峪小学原址；2006年年初拆迁户搬进新居。

2008年，水峪村在"寻找北京最美的乡村"评选活动中获得提名奖后，通过实施生态富民工程，村容整洁，山谷清秀，古韵遗风，物质生活水平提高，实现了合作医疗、养老保险全覆盖。通往房山的23路公交车直达村内；村卫生服务站、便民超市齐全，生活用水户户通，有线电视人人看；村图书室、数字电影院、成人学校、人口学校、文化大院设施齐全；老年人文化活动中心、文化广场及娱乐场所健全，村民及外地游客踊跃光顾。

2012—2018年，水峪村在注重生态涵养的基础上，合理利用财政专项投入1400余万元，扩修游景山道2000余米，增建观赏亭8座，配置移动公厕、移动房车旅游咨询站等设施，提升改造村域旅游公共服务功能；以打造北京市传统村落保护标杆及南窖乡"文创小乡"建设为引擎，通过加强和规范民俗旅游产业持续发展，充分吸纳村民就业，全村累计接待游客10余万人次，实现旅游综合收入500余万元。村经济收入同比增长10%，财政税收增长12%，村民人均纯收入增长8%，社会保障体系更加完善，村民生活水平明显提高。

水峪村针对人口老龄化发展趋势，通过实施养老服务工程，建设村托老所（日间照料中心），设有22张床位，随时为有养老需求的老人提供养老服务，使全村68位老人享受到照料服务。

生态环境

金大定二十一年（1181），金世宗封大房山山神为保陵公，禁止在大房山采樵弋猎，水峪一带的野生动植物资源得到保护。

清乾隆十二年（1748）始，因京城工商及饮食业所需，水峪村的挖煤、烧炭活动迅速活跃起来。据村民传说，民国时期，域内“豹井安”“平岭”等沟谷地带曾呈现出“炭窑累累，黑烟滚滚，狐兔皆惊”的惨状；民间还有“老鸹满沟死，树木连根移”的说法。

1937 年，日本侵略者先后控制房山、南窖及水峪一带后，在南窖地区大肆掠夺性开采地下煤炭资源，将优质煤炭通过“高线”铁路、火车及货轮源源不断地运往国外，对整个大房山生态环境造成很大程度的破坏。1950 年始，村域山泉水断流。1970 年春旱，东沟井水干涸，村民要绕十多里山路到南沟骡子港去找饮用水。

植树造林　1950 年，中央人民政府召开第一次全国林业会议，明确规定把“封山育林、植树造林、森林更新”作为绿化祖国山河、扩大森林资源的重要措施，保护林木逐渐成为村民共识。

20 世纪 50 年代中期，毛泽东发出“绿化祖国”“实行大地园林化”的号召，1956 年全国开始了第一个“12 年绿化运动”。水峪村贯彻中央和各级党委、政府要求，封山育林、植树造林成为村里长期坚持的一项工作。集体和社员主要是在路旁、河沟两岸、房前屋后栽植木材树。1958 年，动员社员采集树种。20 世纪 60 年代，集体开始通过插条、播种等方法培育树苗，然后利用春秋和雨季移栽。生产队组织林业组，栽培核桃树、杏树、花椒树等果树。1979 年，北京市革命委员会开始对荒山造林以资金补助，其中荒山造林、植苗造林每亩补助 8 ~ 10 元，直播造林每亩补助 6 ~ 8 元。1981 年始，对山地育苗每亩补助 100 元，容器育苗每 1 万个（株）补助 100 元。大队里先后组织社员开展雨季造林。大队先后引进刺槐、加拿大杨、火炬树等树木品种。

1979 年 2 月，全国人大常委会第六次会议决定每年 3 月 12 日为全国的植树节。1981 年 12 月，五届全国人大四次会议通过《关于开展全民义务植树运动的决议》，决议指出，凡是具备条件的地方，年满 11 岁的中华人民共和国公民，除老弱病残者，因地制宜，每年每人义务植树 1 ~ 5 棵，或者完成相应劳动量的育苗、管护和其他绿化任务。从此义务植树成为全大队社员的法律义务，村里每年都要举行义务植树活动。

封山育林　封山育林是利用森林的更新能力，在自然条件适宜的山区，实行定期封山，禁止垦荒、放牧、砍柴等人为的破坏活动，以恢复森林植被的一种育林方式。1966年，大队里开始实行封山育林。春夏秋三季禁止到山上砍伐檩条、椽等木材，一年四季坚决禁止个人砍伐树木。

2000年以后，国家实行退耕还林政策，水峪村实施封山育林，禁止乱伐滥砍，大规模植树、飞播造林，使山区林地面积逐渐增加；山林里的鸟类、啮齿类动物及食肉类动物数量回升。

2002年3月，房山区被纳入北京市“加快绿化造林步伐，构筑首都山区、平原、城市隔离地区三道绿色生态屏障建设”规划工程范围。全村山坡地全部实现退耕还林。至2004年，全村实现退耕还林，村里成立生态林管护队。2005年，村域生态林管护员从33人增加到75人，村委会健全和完善了山林管护制度。

截至2018年，水峪村集体通过因地制宜，整合山场资源，调整产业结构，引水蓄墒，招商引资，打造西山休闲旅游观光园，使西山野生植被绿化面积增至3000亩；种植京枣39、中华圣桃、高山大黄梨、黑宝石李子、薄皮核桃、仁用杏、柿树、栗子、山楂等特色果木2000余亩；培植养护生态林4380亩；绿化覆盖率达79%。游客光顾观光园，如临桃源仙境。

西山旅游观光园（2018 年）

古村胜迹

大房山悠久的历史文化，孕育了美丽的水峪村。自明末清初始，水峪古村就如北京西山的一颗明珠，闪耀光彩。全村依山傍沟，以纱帽山为天然地标，由东大岭等八座山岭次第环绕合抱，以古道贯通，分东街、西街两部分，坐落100多套600余间明清风格古民居，拥有多处庙宇祭祀场所和100多盘古石碾，矗立东西两座瓮桥，保存最具北京西山四合院特征的杨家大院、王家大院等，是北京西山大房山一个典型的古村落。

◉ 古宅院落

院落形制 水峪村的院落分布，总体上都是由村中水道向上分布，但水峪东村、水峪西村又各有特点。水峪东村，从官房向上，南岭古道与东河水道相伴而行，从店落向上，傍依东河水道、南岭古道，顺着山坡向上分布。水峪西村，则以水峪河主河道和西河河道为起点，紧靠古道，自下而上依坡坐落。水峪村以保存较好的 100 余套 600 余间传统民居及其他传统遗存，2014 年入选住房和城乡建设部、国家文物局联合评定的第六批“中国历史文化名村”。

水峪村院落的建筑形制以四合院为基本特征，但具有山区四合院“靠山要硬，靠山为正”的特点，房屋大小、院落大小受地形限制，更受家庭财力限制，有四合院，也有三合院、二合院、独门独院，规模大小不等。正房有三间、有五间；厢房有三间、有两间，甚至一间；倒座房有三间、有两间。有的没有厢房，有的没有倒座房，有的厢房、倒座房都没有，而以石墙替代。

无论水峪东村、水峪西村，村中院落多为一进院，少为二进院，唯有杨家大院为四进院。村中大部分四合院大门多开在巽位，不开在四合院轴线方位。因此，坐东朝西的院子大门开在西南边，坐西朝东的院子大门开在东北边。入院进门都向左拐。

依山势而建的水峪传统民居（2017 年）

大多数院子，院门以进出方便为要，依山就势，靠近道路、街道。院门一般不直对街道，若是正对大路或街道，一般都建有影壁墙。位于大门内侧的影壁墙，有一字影壁，有独立于厢房山墙或隔墙之外的独立影壁，也有座山影壁。位于大门外面的影壁，有一字影壁，也有雁翅影壁。

建筑风格 水峪村修建房屋所用建筑材料，大多就地取材。垒墙的主要材料是当地的石块、青砖、人工南山条石、石板、石灰、泥土，大柁、檩条、柱子、木椽、笆条等也是当地的山木。

水峪村盖房的工序主要是打地基、做房架、立房架、垒墙、挂椽、上笆、抹笆泥、垒檐砖、瓦石板、挑房脊、抹墙、搭炉子盘炕、木工装修、亮墙、糊顶棚等。

水峪村的房屋，以硬山式建筑为主，少量为檐墙为飞檐。房屋地基的垒砌，主要分三种：一种全部用石块垒砌；一种全部用人工南山条石包墙、铺面；还有一种前脸铺人工南山条石，山墙、后墙砖挂线。后墙、山墙、槛墙、跺墙的垒砌，依据家庭经济实力的区别，主要用石块、人工南山条石、灰、泥和少量砖垒成。待地基沉淀一段时间后（讲究的家庭要过夏），才立房架盖房。

墙皮一般以石灰和煤粉做原料，色调为独具特色的青灰色。另外，房屋还用古时的石雕、砖雕、木雕、岩画作艺术点缀。

为适应大房山夏天多雨、冬季寒冷的气候条件，水峪村房屋的屋顶都为人字形，石板盖顶，夏季排水迅速，不易漏水，隔温凉爽，冬季保暖。大多数房屋只有大柁、二柁，瓜柱支撑二柁，大柁、二柁上面有檩条和椽子，成为一个阶梯形。屋顶瓦上石板后，从侧面看似山峰。

古宅分布

水峪村的古宅院，以杨家大院、王家院落为典型，还有其他姓氏人家修建的风格各异的宅院，共同构成水峪村的古宅院落。

杨家大院 大院形制 杨家大院古称“箫商院”，又名“学坊院”。位于东街纱帽山下上庵儿沟（东沟上游段）出口旁，为水峪杨家第十代传人杨玉堂于清乾隆年间所建，是水峪成村以来规模最大的代表性院落。

杨家大院坐南朝北，四进院，共计 36 间，建筑面积 564.53 平方米。杨家大院的倒座房为三间，中间为大门，两边为门房。

大门位于院落北侧正中，如意大门形式门扉开在金柱位置，清水脊，石板瓦屋面脊

沿沟谷分布的古宅（2017 年）

饰花草砖，大门戗檐墀头砖雕牡丹花篮图案，栏板为五福临门砖雕图，分别由葵花、荷花、牡丹花间隔组成。栏板两侧的荷花寓意出污泥而不染的高洁品性；牡丹象征着富贵，是主人祝愿自己的子孙“富贵俊秀”；中间的向日葵花则象征“蒸蒸日上”“多子多福”。门楣冰盘檐为缠枝纹莲花，又名“万寿藤”，有“生生不息”之意。中槛上有圆形门簪两枚，右边雕“福”字，左边雕“禄”字，四周雕木质的四瓣莲花为饰。两扇黑漆板门前，左右两侧各一抱鼓石门墩，门墩上部雕刻缠枝纹和龙鱼海斗图案，下部为须弥座式底座。大门象眼处有几何纹砖雕（大部分彩绘图案已剥落，依稀能辨的有回字纹）。门楼内壁和山墙前脸有各种石刻砖雕，梅兰竹菊、五福临门、隶字花卉。台基高约1米，用青白石条石铺面，前出垂带踏跺六级，左侧有一龛形排水石槽，雕三孔镂空式。大门东西两侧北房各一间，均为清水脊，石板瓦屋面，脊饰花草砖，前檐为门连窗，灯笼锦棂心，窗下槛墙为虎皮石墙，后檐各开一扇十字方格棂心窗。

一进院内正对大门口的为二门一座，小门楼形式，清水脊，合瓦屋面，墙体为丝缝砌法，墙腿石选用质地坚硬的汉白玉石。木质板门两扇，虎皮石台基，前出如意踏跺四级。二门两侧看面墙的墙身上有雕花图案，即在清一色的墙皮上，用白灰勾缝成几何图，中间为一大朵牡丹花图案。

二进院内东、西厢房各三间，清水脊，石板瓦屋面，前檐装修为现代门窗，砖石台

古村东街的杨家大院（2015 年）

基，明间前出如意踏跺两级。

三进院北房五间，硬山顶，清水脊，石板瓦屋面。墙体做法为基础和墙裙及山墙均采用块石，墙面抹灰。明间为门道形式，连通二、三进院。前檐次、梢间为门连窗和槛墙槛窗，灯笼锦棂心，后檐为老檐出后檐墙形式，后檐明间前出垂带踏跺五级。

正对三进院北房过道的是一座独立一字影壁，虎皮石台基，无墙帽，白灰影壁心。三进院原有南房五间，现仅存左边二间，右边二间和明间门厅已塌毁，石板顶，前出垂带踏跺五级，槛窗为灯笼锦棂心。东西厢房各三间，清水脊，石板瓦屋面，窗为套方及正十字方格（即正搭正交方眼）棂心，虎皮石台基，其中南房与东厢房之间开有一侧门，东厢房与三进北房之间开有一侧门。

四进院占据地势最高的位置，南房五间，前出廊，清水脊，合瓦屋面，石板瓦做底，脊饰花草砖，砖博缝。廊柱间饰灯笼锦棂心倒挂楣子，花牙子雕刻镂空式梅竹图案。廊心墙象眼部位有木雕花，右侧雕飘带，左侧雕鱼结、宝瓶和牡丹图案。戗檐墀头砖雕梅花鹿与兰花图案。前檐明间隔扇门六扇，次、梢间槛墙、槛窗，门窗上带横批窗，均为灯笼锦棂心。墙体上身、下碱和台基均为块石垒砌，黄土和白灰抹面。南房前檐明间出垂带踏跺八级。隔扇门左右两边圆形门墩一对，小巧精致。右抱鼓石上面雕缠枝莲花纹，侧面雕山石水莲图，下面为须弥座式底座，底部雕牵牛花；左侧抱鼓石上部雕缠枝莲花纹图案，侧面雕山石菊图案，下部为须弥座式底座。东、西厢房各三间，清水脊，合瓦屋面，石板瓦做底，檐角有垂云砖雕，瓦当有莲花图案。东厢房与西厢房的

杨家大院门鼓（2018 年）

屋顶上各有两个亭式排烟口。前檐明间夹门窗，步步锦棂心，次间槛墙、槛窗，灯笼锦棂心，砖石台基明间前出垂带踏跺三级。东厢房左侧和西厢房右侧开一道门，踏跺四级，其中正房与两厢房相连的墙体采用传统手工砖单层直檐花瓦顶做法。

院落整体雄浑古朴，四套连院、36 间房屋层次递进，布局对称；白石矶层层排列，井然有序。进正门，各院尽收眼底，一览无遗。宅院的门栏窗格工艺细腻。杨家大院并没有完工，部分石料和璃花石鼓仍闲置院中。

大院风格　杨家大院四进院落，后有靠，靠山为纱帽山；前有照，有水峪河；左青龙，近为东河，远为水峪河；右白虎，近为北厢房后山梁，远为南窑南梁。

一般四合院的倒座房应该与正房的间数相一致，但杨家大院由于地理位置限制，无法建成 5 间，而是建成了 3 间。正房与两座上房均为 5 间，与倒座房正好为 18 间，厢

东街杨家大院内景

房为 18 间，大院正好 36 间房，避免了奇数房间。

杨家大院的倒座房，地基全部用人工南山条石垒砌、铺面。槛墙、山墙下碱全部为人工南山条石、砖套环，墙芯垒代表非富即贵的鼓面石（或称如意石）。大院的 18 间厢房，均为半装修，檐下设窗，窗下为人工南山条石榻板，人工南山条石榻板下为槛墙。院内铺砌人工南山青条石。大院全部台阶，均是工整的垂带踏跺，每级台阶均为整块人工南山条石。

杨家大院墙外就是古道，严密、便于防守是大院的重要特点。关上四道门，就是五个独立的院落，在北面厢房与上房之间均安装了侧门，任何一个院落，可以随时出入后门。

王氏院落 水峪村王家是村中大姓人家，主要有两支，一支是住在东街的王姓人家，称东村王家；另一支是分别住在东村街屋和西村的王姓人家，称西村王家。王氏院

先民栽下的大槐树（2017 年）

街屋南院门楼（2018 年）

落鳞次栉比，是保存相对完好的清代古建筑群。

东街院落　位于水峪东村大槐树街到后岭一带，宅院林立，集成群落，分布于村东主街道两旁，建筑格局各有千秋，套套院落气派非凡，皆为东村王家所建。

三间房，建于清乾隆年间，在东村王家大院中属最早建筑。说是三间房其实并非“三间”房，内有三合院，院有门楼，古朴典雅，清幽宁静，阳光灿烂。门外有清光绪二十四年（1898）石碾一盘。

五间房，仅次于三间房修建而成，它也并非“五间”房，而是一个古朴的宅院，地势较高，主人祖辈勤于稼穑，喜养蜂，节俭朴实，现年轻一代已在外发展，小院清幽，屋舍整齐可居。

前头屋，于清末所建，屋旁原有棵大槐树，毁于日本侵略者兵燹。此门王氏主人名讳不详，抗日战争期间参加游击队，后随八路军开赴冀东再无音讯。

王家大院，又称后头屋 建于清乾隆年间（1736—1795），属典型的北方四合院建筑，大院合门洞共有大小房十三间。门楼高耸，门楣嵌有门簪四个，分别寓意“福”“禄”“寿”“禧”。门楼上绘有三幅具有明代山西画派风格的工笔岩画，分别是宫灯、花瓶、兰花和莲花图案，寓意主人志趣高雅、子孙贤德、出淤泥而不染等情操。

前头院，位于水峪村东街 25 号院，紧邻娘娘庙，坐东朝西，建于清乾隆时期，由几户王家合住。后头院曾是早期党组织秘密活动地，后院主各奔一方，小院改造为民俗接待户，即祥和农家。大门开在院落西侧倒座房的中间，金柱大门形式，石板瓦屋面，圆形门簪两个，雕刻“福禄”二字，黑漆板门两扇，走马板上绘制有人物故事彩画，门前出如意踏跺七级。大门南北两侧倒座房各二间，石板瓦屋面，前檐均为门连窗和槛墙、槛窗装修，一码三箭棂心，后檐为老檐出后檐墙。门内迎门一字影壁一座，清水脊，筒瓦屋面，院内正房（东房）三间，石板瓦屋面，前檐明间隔扇风门，次间槛墙、支摘窗，盘长如意棂心和万不断棂心交替使用，明间前出如意踏跺五级。南侧耳房一间。南、北厢房各二间，石板瓦屋面，前檐门连窗，槛墙槛窗，盘长如意棂心和万不断棂心交替使用，东厢房前出如意踏跺三级，西厢房两级。院内石砖墁地。

后岭王家小院，三合院，后有靠山，门外有影壁。祖上经商，多年跋涉南岭古道，子孙重诗书传家。这里的王家与槐树街王氏都属东王，一脉相承。

东村街屋　位于水峪西村与东村的连接口，依山临街而建，里清外填。建筑群落巍峨耸立，气势盎然。弧形围墙坚实牢固，长 150 米，宽 4 米，和东瓮桥连为一体，与西瓮桥遥相呼应。街屋南北各有一处大院、一处小院，其间有一座雕凿于清光绪年间的石碾，仍可使用。

街屋北院是王青所建，名“德善堂”。依火烧痕迹看，当为金柱大门。因遭日本兵火之难，已失原貌。但大院里外两套，白石铺地，洁净整齐。二门顶上的人工南山条石刻有各色花纹，如三环套日、香草兰花。大门前檐角柱的人工南山条石刻写着“松茂竹苞”四字。

街屋南院是王臣所建，名“五柳堂”。宅院里外两套，屋舍东西相对，屋内光线阴阳适宜，首尾蔚然一体。大门为金柱大门，前檐角柱南山人工条石上镌刻“居仁由义”。大门两侧倒座房各二间，清水脊，石板屋面。前檐靠近大门一侧次间各开夹门窗，步步锦棂心；靠近山墙次间为虎皮石槛墙槛窗，一码三箭棂心；后檐为封后檐墙形式后檐墙上每间各开一扇窗，正十字方格棂心。

一进院门内砖砌独立一字影壁一座，无墙。东、西厢房各三间，西厢房仅存一间石板瓦屋面。西厢房前檐南次间为隔扇风门，隔扇门为一码三心，亮子窗为步间和北次间为槛墙，窗大部分为一码三箭棂心，一扇窗为步步锦棂心。东厢房前檐为夹门窗，步步锦棂心。西厢房与倒座房相连处，有一座小侧门。院内北侧有小门形式二门一座，清水脊，筒瓦屋面，石板瓦做底。门洞为如意门形式，上槛处圆形门簪两枚，砖石台基，前出如意踏跺三级。

二进院正房五间，石板瓦屋面，脊毁坏，前檐装修为现代门窗，虎皮石槛墙，前檐明间出垂带踏跺五级。东、西厢房各三间，清水脊，石板瓦屋面。东厢房前檐明间为夹门窗，次间为槛墙、槛窗，均为一码三箭棂心；西厢房明间为夹门窗装修，次间为槛墙、支摘窗，盘长如意棂心。前檐明间各出如意踏跺三级。

西村院落　位于水峪西村瓮桥里面，院主王家历代注重耕读传家。其第十代王成儒在年少时通过清朝科举制度的“童试”，取得考取功名的“生员”资格。他始终以“忠厚传家久，诗书继世长”以及“学吃亏”为持家信条。膝下四子自幼择学“经史子集”，各有不同建树，人称大先生、二先生、三先生和四先生。

大先生院、二先生院、三先生院、四先生院，均为清代建筑，用材高档，用工讲究，注重文化，均为大房山高档院落。1937 年卢沟桥事变，日本侵略者侵占南窖，并放火焚烧西村房屋。一座座几百年的古建筑被日军野蛮烧毁。村民为继续生活，在烧毁的残墙断壁基础上复建房屋。

大先生王淑民（号子安），清末秀才。后在“废科举兴学堂”的新政下，毕业于“保定北洋师范学堂”，从事教育事业，曾先后在“北京女子师范”“通州潞河中学”任教。大先生院，亦称“三槐堂”，取自宋代苏轼的《三槐堂铭》，为十四间的四合院。北上房五间，倒座房五间临街，东西厢房各两间。大门开在倒座房巽门。残墙断壁上的建筑材料，包括人工南山条石、石块、青砖、石灰、带炭烬的墙柱，依稀可见。后墙下碱、槛墙、山墙下碱的人工南山条石、砖套环，墙芯垒代表非富即贵的鼓面石墙，非常醒目。院内块块人工南山条石相砌，门口槐树郁郁苍苍。

大先生院外（2018 年）

民宅（2017 年）

二先生王治民，多才多艺，琴棋书画皆通，曾任水峪村银音会指挥，一支双簧吹得有声有色。二先生还善医术，尤以儿科见长，附近乡邻有病患皆找他诊治。二先生院墙壁斑驳，门前的石墩子栉风沐雨依然耸立。

三先生王溥民虽务农经商，但也颇有文气，精通生意理财之道，是大家庭的管家。三先生院，位于水峪村西街 22 号，院落为二进院。倒座房五间临街，大门开在倒座房巽门，金柱大门，院面块块人工南山条石相砌。南北厢房两座，各两间。中有四级垂踏式台阶进入二进院，进墙垣式如意门，2018 年门楼已不在。进门后，为一素面砖砌影壁墙，黄土和块石垒砌，磨砖对缝包框。左右为南北两座厢房，各三间，前出廊。上台阶，正房为五间，中间一间为过堂。后墙下碱、槛墙、山墙下碱的人工南山条石、砖套环，墙芯垒代表非富即贵的鼓面石墙。黑漆大门，庄严肃静。青砖跺墙、槛墙、前柱檐墙，做工精致。影壁上留有一幅临摹的《兰亭集序》墨迹。

四先生王湘民为人朴实，勤于稼穑，也喜欢舞文弄墨。其院落因被日军兵燹洗劫，

古屋精美的砖雕（2010 年）

背靠长岭坨而建的三合宅院（2010 年）

已面目全非，只有门口的石墩子存世。

崔港小院 崔港小院地势偏僻，很少有外人光顾，但水峪的革命火种却从这里燃起。首任房山县委书记当时经常在这举行会议，院子的女主人在外站岗烧火做饭。

后坡院 小院曾有个慈祥的老妇，扎针行医，治病救人，不要任何回报。

后头地隗家院 共有院落两处，院外有盘石碾。地势偏僻，环境优雅，夏可避酷暑，东可躲风寒。隗家主人日出而作，日落而息，过着与世无争的田园生活。

阳台子大院 典型的庄户宅院，住着两位长寿老人。院子依山偎岭，阳光灿烂，冬风虽寒，院内却舒适温暖。院里九十多岁的杨老爷子尚能下地种田，二老把屋里院外收拾得井井有条，每天日出而起，日落而卧。

店落宅院 位于杨家大院门口西侧，是老杨家开的客栈。传说清道光年间（1821—1850），每到傍晚，西北一带客商驼队经常在店落住店歇息，第二天清晨踏霜而奔豹井安，上南岭古道到良乡、涿州等大城小镇贸易往来。店落经常酒肉飘香，人喊马嘶，昼夜喧闹不已。

大南场、小南场 东街陈家于清代中后期置办的祖宅。水峪陈氏先祖落户于此后，因在水泉陂以开采石板为业，家境日渐殷实。陈家历代有勤劳好学之风，村民有口皆碑。不仅文化领域人才辈出，靠自学成才行医乡里者也不乏其人。至 2018 年，大南场、小南场的陈家子孙均在城里工作，宅院闲置，经村集体修葺后改为民宿接待户，仍保留屋主小时候写作业的石凳石桌，以供游客参观体验。

里头院 东街杨家一门清初所建老宅。此门杨家不仅勤于稼穑，而且善于舞文弄鼓。据村内老人回忆，日本侵略者进犯水峪之前农闲时，院内时常组织大鼓会演练。

前头院 依东街长岭坨，坐北朝南，隔大槐树街与南坡岭相望。为杨氏一支大户于清乾隆时期所建。院内一溜青石矶直通正居。院主人先在村西山场以牧羊为生，清末兼开煤窑，后代均移居他乡。

大夫院 清代由东街一户陈家居住，以荆编为业。民国时期，有杨家一支入住。因院主人杨天佑“擅长书法、精研中医”而得名。

后园子 自清末由东街杨氏一支世居，依长岭坨而建，坐南朝北，开门临溪望绿。冬日阳光明媚、温暖如春；夏季绿树成荫、凉风习习；秋季山果累累，抬手可得。2016年后，园子改建为民俗旅游农家乐，院内搭有草棚观景台。游客可在此休闲食宿，品尝山野美味，沐浴雨林气息，观赏雪霁柿红。

小北院 东街杨氏一支世居宅院。清末民初，院主数代人主要靠行商卖布为生，一度以“背篓货郎人家”绰号沿古道名扬山乡一带。

井儿院 东街杨氏一支于清乾隆年间所建。原有房舍五间，清末民国初，杨家人曾在此开过客栈，现已破败不堪。

上庵儿古宅群落 坐落于东街上庵儿沟上游的纱帽山脚下。明末清初，水峪刘氏、臧氏、杨氏先祖曾在此居住。臧氏居住不久便举家迁往外地。刘氏人丁兴旺，上庵儿老宅至2016年仍有人居住。杨氏一支杨玉堂于清乾隆年间从此旧宅搬到新建的杨家大院居住；同时期陈家一支迁住于此。

大北院 东街杨家一支老宅院。院内清末民国初曾办过私塾，抗日战争时期停办。现因主人进城居住，院子闲置。村集体在改造修复古村规划中，将其定位为“儒学体验”民俗户。

港子沟 东街偏僻狭窄小巷，分上、中、下三院。三座院落背靠层层梯田，建于清代中后期。上院曾住说书艺人杨先生（名讳不详）。中院主人世代勤恳务农（姓名无考）。下院曾住中幡艺人杨守奇。港子沟上、中、下三院曾屋舍整齐，现已无人居住，透风漏雨，有待修复。

老铺子 位于东街，是水峪成村以来唯一的前店后院式民宅。据村民回忆，中华人民共和国成立以前，老铺子曾是水峪人的购物中心，但其经营者不详。村民只记得后院曾有陈、邢、王三姓人家居住，三家世代学有成就。现老铺子被改造为一家民俗商店。

牛棚院 位于东街青石桥附近，清末建成后先由杨、王两家合住；民国初年仅留杨家居住。院内影壁墙面中心刻有一个大“福”字，据说是民国时期村民为感谢杨家一位老妇所赠。老妇姓杜，民国时期走村串户义务为孕妇接生。

底庙南院 紧靠东街松树岭，大门口有盘清光绪年间凿置的石碾，院落何年何人所建无考。在村民的记忆中，二十世纪六七十年代其正房为药店，有位外地来的赤脚医生孔大夫居住在此为村民服务。

底庙北院 背靠东街松树岭避风向阳之处，每年春夏之交，院后山桃花早早开放。此院最初主人已无考；最晚自清光绪年间始由杨家和王家居住（院门口一盘石碾上的刻字为证）。民国期间，院主人老王（名讳不详）是水峪银音会成员，善拉二胡。

小铺儿院 位于东街长岭坨下，是水峪老杨家最早的宅子。传说明崇祯皇帝自缢后几日，杨家先祖杨代保携儿孙从丰台李家峪逃难至此，搭了几间草铺住下。到清乾隆年间，这里已建有 26 间木石结构房屋，杨家子孙繁衍到 70 多口人。杨家人后来多从此地搬出，但仍亲切地称祖居地为“小铺儿院”。

◉ 水峪古迹

古树名木

千年古槐 古村东街别称大槐树街。因先民（山西移民）栽下的大槐树而得名。水峪村民世代相传，大槐树是先民于元末明初因经商渐次迁居此地时，为纪念山西祖居地洪洞大槐树而栽，所谓“有了大槐树，才有大槐街”。大槐街上原栽有四棵大槐树，现仅存一棵，树干部分中空，有两人合抱之粗；树冠郁郁葱葱，遮天蔽日。

水峪古槐（2018 年）

街中心大槐树下置有一盘大石碾，东沟绕行大槐树以南而过。大槐树以北依长岭坨凹进一块场地，自古是东街的休闲活动场所。过去经常有人家在大槐树下推碾磨五谷，孩子们也会在一旁嬉笑耍闹，走江湖者在此耍过猴，小贩卖过针头线脑，民间艺人说过书，女人们纳鞋底绣花枕。此地还供奉过十二生肖神像，舞过中幡，放过烟火，搭过大棚，唱过大戏。

古银杏树 清康熙年间，水峪娘娘庙竣工，从潭柘寺移栽了这棵银杏树，村里人敬其为“北方的菩提树”，并举行了隆重的道场。银杏树长得枝繁叶茂，高耸入云，灵气犹存。

娘娘庙 清康熙年间，娘娘庙建于东街南坡岭。由于大山深处医疗条件恶劣，许多村民死于“天花”等疾病，先民为求子保平安所建。

清代末期，由于当地“天花”蔓延，不治身亡者众多，为驱邪求子保平安，村民求道问仙看风水，将娘娘庙挪移于长岭坨下。

娘娘庙正殿三间，侧殿两间。各殿立柱横梁上有彩色绘画，行云游龙。正殿内所供“九莲菩萨”，传说是明万历皇帝的母亲李娘娘。娘娘身旁还有顶大轿，并有一群童俑陪伴，后翻修时仅留娘娘像。

娘娘庙为三合院布局，坐北朝南。院内原有古槐一棵，银杏一棵；又增设了一口百十斤重的铁钟。院前有拱形结构的罗锅桥，跨东沟而坐，桥面平坦，石砌栏杆古朴牢固。罗锅桥与娘娘庙正殿、院门形成一条直线。

水峪村娘娘庙香火鼎盛时，香客众多，来自四面八方。信众择吉日抵水峪村，从东

修复后的娘娘庙（2018 年）

瓮桥进入，沿井儿道上行，排队过罗锅桥，入庙进殿，虔诚敬香叩拜。祈福求子保平安的缕缕青烟袅袅升腾，洪钟声震山谷，余韵悠长。

“破四旧”期间，娘娘庙遭人为破坏，古槐被伐，银杏树幸免。2014 年，水峪村民踊跃捐款，在文物保护部门的支持下重新修葺娘娘庙。

古瓮桥

水峪村每到夏秋季节，暴雨来临、山洪暴发时，常会形成泥石流，危及村落安全。清乾隆年间，村民为降洪禳灾，在东西街口各修建瓮门，又称瓮桥。

东瓮桥 踞落东街出入口，是清乾隆年间村民为镇住洪水而建。东瓮桥洞门头上刻有“宁水”二字，取“抚水安民”之意。桥上建阁，东与纱帽山遥遥相望。

关于修建东瓮桥，有“藏风闭气”之说。村域以纱帽山为屏，长岭子、茅草岭、黄岩头、松树岭错峰连绵，将东街瓶蔽于幽谷之中，于瓶颈处建东瓮桥（门），采日月之精华，聚天地之灵气，藏人文之秀气。东瓮桥还有防御功能之说。东街沟谷隐秘，山峦回环，草木茂叠，建筑形制八卦。若有敌匪进犯，村民可把持瓮门，封闭通向南岭的古道咽喉，来者就像进了迷魂阵，进退不得，只等瓮中捉鳖。1939 年，抗日游击队就曾在长岭子上、纱帽山周围的古道旁设伏，三次袭击自东瓮桥而入烧杀抢掠的日本侵略者，东街因此免遭焚毁。

东瓮桥村内视角（2018 年）

西瓮桥 踞落西街出入口，为清道光年间所建。西街民居依西沟建在王位山脚下，涝季时多有大水从孟家炉坑（传说的海眼）涌出，骇人听闻，遂建西瓮桥以镇之。道光十八年（1838）西瓮桥建成，村民又在瓮桥（门）内凿置一盘石碾，仍可碾轧五谷油料。

鸳鸯井 “鸳鸯井”也称“东井”，位于水峪东街上庵儿沟，是水峪村民于清雍正年间人工凿出的两口饮水井。此前村民饮水、洗涮靠汲取山泉溪流。

雍正十二年（1734）村域大旱，岩缝山泉悄然断流，东沟（上庵儿沟）及南沟溪水相继干涸，庄稼干枯，村民生活用水要到5000米外的水泉陂汲取。一日，有村民沿上庵儿沟上行觅湿掘坑，挖至5米深时，见两股山泉水从不同方向的岩缝中涌出，且携带鱼虾游虬，众人大喜，随机凿砌成两口井，俗称“鸳鸯井”。

“鸳鸯井”建成后，村民又修了“井儿道”，由青、白、灰当地所产石板砌成，迤逦通往东西两街。各家从“鸳鸯井”取水必经“井儿道”，靠人背肩挑。20世纪60年代末，“鸳鸯井”枯竭，水峪村民吃上新挖东井自来水入户。

对石槽 东街上庵儿沟“鸳鸯井”旁，安置有一大一小两个石槽，即“对石槽”。相传是水峪杨家十一代传人杨华为方便村民洗菜，自掏腰包雇石匠凿置于此。

据传，“对石槽”安置好后，杨华为防止有人用石槽洗脏物，还特意与妻子演了一场“双簧戏”。他先令妻子用石槽洗衣裳，又集合村民去抓现行，依村规对妻子实施处罚。从此村民心服口服，认真恪守村规民约。“对石槽”废弃后安放在“鸳鸯井”旁，供游人参观。

鸳鸯井（2017年）

对石槽（2018年）

西瓮桥内石碾（2018 年）

古石碾 所谓“石碾”，是由碾盘、碾轱辘及其配件组成的整体。一张四五平方米的碾盘中心，垂直嵌入一根铁柱（轴心柱）；碾盘上面的碾轱辘靠木制碾框架起并与轴心柱相连，在外力推动下，碾轱辘环绕轴心在碾盘上循环旋转，就把碾盘上的粮食碾轧成了面粉。

在碾盘和碾轱辘的接触面刻上碾纹，增加其相对滚动咬合时的摩擦力，才能提高轧榨的效率。

水峪村西瓮桥（门）内的“道光石碾”刚安置成，左邻右舍纷纷赶来看新鲜。后来有村民发现，石碾不仅能加工五谷杂粮，还可轧地瓜干，甚至可榨芝麻油，于是争相使用，一度引起供求关系紧张。石碾告急之后，水峪村内又安装了多台石碾供村民使用。

20 世纪 60 年代初，村民加工粮食用上电磨后，村内的大部分古石碾逐渐被弃用。2004—2016 年，水峪打造民俗文化旅游村，将遗散在村域各处的古石碾收集起来，重新整修安装，供游人体验。

至 2018 年，散落于村域山坳口、古道边、瓮桥（门）内、宅院门口、文化广场、大槐树下等处的石碾共 128 盘。明确刻有雕凿时间（多为清代）的有 6 盘，其中最早的一盘石碾雕凿于清道光十八年（1838），安置在西瓮桥（门）内，村民习惯称之为“古石碾”或“道光石碾”，仍可使用。

老官房 唐代，“村”成为所有的野外聚落的统称，并且成为一级行政组织单位，村里开始有专人管理公共事务，管理商议村里公共事务的场所称为官房。清代，村里设

官房旧址（2017 年）

“三老会”管理村里的公共事务。清乾隆年间，在位于村中心东西街交会处盖了官房，村民称“会里”，也称“老会”，是“三老会”议事场所。民国时期，村里建立村政权，官房又称“村公所”。

官房院场空地，兼为村民文体活动场所，水峪“中幡会”“大鼓会”“银音会”曾在此活动演练。日伪控制时期，官房部分房屋被烧毁。水峪村解放后曾在官房办过扫盲学校，后又在官房临街盖起供销社。2016 年官房院场已废弃，仅留临街老供销社的闲置房屋三间，房门紧锁，有待修复。

庙宇遗迹

清末始，每逢年节，水峪村民举行祈福庙会，俗称“走会”。即以中幡会为首，带银音会、大鼓会及宗族列队，从村中心戏台出发游街走巷，沿途活动须敬拜各路神明，奉烧七柱香火。一般在尼姑庵（西面庵）烧头炷香，然后祈福队伍依次去马王庙、东瓮桥（五道庙）、娘娘庙、龙神庙、老爷庙、门楼烧香祭祀毕。以上庙会祭祀场所，仅东瓮桥、娘娘庙仍在开展民俗活动，其他场所仅有遗迹可寻。

龙王庙 清乾隆年间，村民为祈求风调雨顺，在东街上庵儿沟泉水汇聚之处修建。据传，龙神庙建筑红墙碧瓦，雕梁画栋。大殿屋脊上有铜铸的龙头；屋檐下的风铃清音悦耳；殿内墙壁画有雷公电母；殿中央供奉黑龙潭老黑龙幼子“黑七龙”，它手持令箭，坐骑是一只小鹿。龙王庙在“文化大革命”“破四旧”时遭人为损毁，遗址附近可见零星残砖断瓦。

老爷庙 清乾隆时期，作为明代山西移民后裔的水峪村村民集资选址村东纱帽山下宝地建起老爷庙，庙内供奉关羽。村民传说，当年老爷庙坐北朝南，庙里曾有和尚，和尚圆寂后葬于距老爷庙100多米的绿树林中，并建有一座高两丈左右的砖塔以示纪念。至2018年，老爷庙及砖塔遗址上只见残砖破瓦，其损毁时间和原因无考。

传统戏台 搭台唱戏，是山村文化生活的重要形式。水峪村地处大房山古道，文化生活必不可少。西街河口对面搭有戏台垛子，面积约100平方米。原戏台垛子就地取材、石砌台基，唱戏时用草席搭棚。

山村唱戏，一是大户人家出钱请戏班子到村里唱戏；二是村中喜爱戏剧的人出面组织戏班子。水峪村不乏戏剧人才，村里组织评剧团。清末民国初，水峪村民自编自演评戏，每到大年初一至十五，方圆几十里的山乡百姓赶去看戏。当地民间流传歌谣《民之桑》:“锵锵嘁锵嘁，姥姥家唱大戏，初一十五水峪去！”

直到日伪控制水峪前，村民年节祈福祭祀，银音会、锣鼓会、中幡会都要齐聚戏台表演一番，台下的观众呐喊助威后，蜂拥尾随三会队伍走街串巷，祈福队伍拜过各路神明后，又折回水峪戏台看评戏。

1998年以来，水峪村发展民俗旅游业，中幡等传统文化活动又恢复起来。村集体将戏台垛子用水泥封固，支起钢架棚顶，配备有全套电器音响设施，成为“水峪中幡”表

20世纪90年代村民在旧戏台表演节目

水峪先民依山开垦的梯田（2017 年）

演的全天候舞台，也成为水峪与外域戏曲歌舞交流的舞台。

农牧遗存

水峪村世世代代以农耕为主。村里有山场，又处于繁华的古道，饲养山羊成为村里世世代代的传统项目。

八卦梯田　分布于村东后山孟港沟，由水峪先民于清代镐刨石砌而成，约 108 块梯田依山就势、层层叠叠，回环曲折、首尾瞻顾，形似八卦连环阵。

西山羊圈　位于村西高楼后山梁上。依山、背风、向阳，以块石垒成长条形羊圈；羊倌以附近的山洞为居。这里冬季温暖如春，适合羔羊生长；周围牧场广阔，山泉充盈，草食丰富，为羊群活动的乐园。杨家一支自清嘉庆年间始，世代在此蹲扎放牧，养殖繁盛时羊群年出圈达 700 多只。2000 年以后，水峪山场被列为生态涵养区，政府限制放羊数量，水峪村年养羊数量不超过 200 只。

村落文化

水峪村是中国历史文化名村，在600多年的历史进程中，形成水峪村的特色文化。在水峪村，不但可以感受中国传统文化积淀形成的浓郁氛围，更可以体验彰显爱国主义灵魂的革命文化，欣赏独具水峪村特色的石板岩画文化，最让人振奋的是“水峪中幡”，不但成为水峪村传承传统文化的旗帜，更成为北京西山、大房山传承中华优秀传统文化的一面旗帜。

◉ 文化源流

东街杨家耕读为本匾额（2017 年）

耕读为本 春秋战国百家争鸣。孔子曰："君子谋道不谋食，耕也，馁在其中矣；学也，禄在其中矣。"孟子主张劳心劳力分开，"劳心者治人，劳力者治于人"。也有人讽刺孔子四体不勤，五谷不分，农家学派许行则主张"贤者与民并耕而食"。两种学派，一种标榜"书香门第"，"万般皆下品，唯有读书高"；一种提倡"耕读传家"，以耕读为本。古代一些知识分子以半耕半读为合理的生活方式，以耕读结合为价值取向，形成了一种"耕读文化"。南北朝以后出现的家训多有耕读结合的劝导。《颜氏家训》提出："要当稼穑而食，桑麻以衣。"张履祥在《训子语》中说："读而废耕，饥寒交至；耕而废读，礼仪遂亡。"水峪村被日军焚烧的残墙断壁上，仍留有"耕读传家久，诗书继世长"的印记。东街杨家门楼上留有的"耕读为本"匾额，是水峪村耕读文化的历史见证。

箫商 杨家大院亦称"箫商院"。"箫商院"，一是指杨家大院形制，地处东沟与东井溪水汇流之处、形似古乐器"箫"。更重要的是表明杨家大院主人的经商之道。杨家世祖杨代保携家眷于明末清初落户水峪时，先在长岭坨下搭了几间草铺（棚），繁衍至第三代时，家族达 70 多口人，在长岭坨周围的草铺增加到 26 间，为杨家古宅雏形，时称"小铺儿院"。杨家传到第十代，杨玉堂一支在水峪开垦了大片耕地，看准当时北京城生活所需，说服父亲变卖祖田，在当地盘下八座煤窑，每月可赚铜钱一百多斤，一跃成为当地巨富。发迹后的杨玉堂花巨资雇佣 30 多名工匠，耗时三年盖起“箫商院”。

杨家经营八座煤窑，可以说是日进斗金。子孙后代如何发展，更是杨家的百年大计。水峪村不但讲究“居仁由义”，也讲究“耕读为本”。为教育子孙后代，杨家掌门人将杨家大院命名“箫商院”。“箫”乃竹所成，“家可三日无肉，不可一日无竹”。治家要像吹箫一样有节有眼，有韵有律，做人要像竹一样修为高雅，蒸蒸日上。不管煤窑生意如何发达，仁义理智信的儒商理念不可忘记。“箫商”成为杨家大院的治家做人经营之道。民国时期，杨玉堂的两个儿子杨庄和杨华，一个任县参议员，另一个以“工业救国”为己任；兄弟二人还将“箫商院”改名“学坊院”，为开办新学，对大院进行了修缮改建。

松茂竹苞　水峪村街屋北院为王青所建，名“德善堂”，大门前檐角柱条石镌刻着出自《诗经·小雅·斯干》的名句“松茂竹苞”四个大字。

《诗经》是中国古代最早的一部诗歌总集，收集了西周初年至春秋中叶的诗歌，共 311 篇。《斯干》，是《诗经·小雅·鸿雁之什》的一篇，为先秦时代诗歌。全诗九章，前四章七句，后五章五句。作者无名氏。这是一首祝贺西周奴隶主贵族宫室落成的歌辞。全诗内容可分两大部分，一至五章就宫室本身加以描绘和赞美，六至九章则主要是

街屋北院门基石刻“松茂竹苞”（2017 年）

对宫室主人的祝愿和歌颂。全诗以描述宫室建筑为中心，把叙事、写景、抒情交织在一起，层次分明，句式参差错落，在雅颂篇章中颇具特色。水峪村的先民，对《诗经》情有独钟，门柱上镌刻“松茂竹苞”，展现出水峪村先民的文化情怀。

居仁由义 街屋南院为王臣所建，名“五柳堂”，大门前檐角柱条石镌刻“居仁由义”四个大字。

“居仁由义”语出《孟子·尽心上》。“居仁由义，大人之事备矣”，是中国儒家文化的经典，被历代国人推崇。唐代李远《送贺著作凭出宰永新序》：“一动一静，居仁由义。”宋代陆游《老学庵笔记》卷三引韩持国诗：“居仁由义吾之素，处顺安时理则然。”清代高珩《聊斋志异序》：“夫人但知居仁由义，克己复礼，足为善人君子矣。”“居仁由义”是孟子仁义思想的精髓，门柱上镌刻“居仁由义”，显见水峪村先人对儒家文化的推崇。

三槐堂 水峪西村王大先生院，院落书“三槐堂”，源于苏轼《三槐堂铭》。

“三槐堂”原是北宋初年兵部侍郎王佑家的祠堂，因王佑手植三棵槐树于庭而得名，又说“三槐”象征朝廷官吏中职位最高的“三公”。王佑是王巩的曾祖父，苏轼在湖州任上时，为学生王巩家中“三槐堂”题写《三槐堂铭》。文中道：“王城之东，晋公所庐；郁郁三槐，惟德之符。”至今，三槐王氏是王氏中最大的一支。水峪西村王大先生院，将院落冠以雅名“三槐堂”。一方面彰显王大先生家对中国历史文化的精通，对苏轼的景仰；另一方面也告诉子孙后代王家的根脉在山西，要传承先祖的恩德。

鸟革翚飞 水峪西村临街112号院，墙垣如意门的角柱条石上镌刻“鸟革翚飞”四个大字。《诗·小雅·斯干》：“如鸟斯革，如翚斯飞。”《朱熹集传》：“其栋宇峻起，如鸟之警而革也，其檐阿华彩而轩翔，如翚之飞而矫其翼也，盖其堂之美如此。”后以“鸟革翚飞”形容宫室壮丽。清程允升《幼学琼

水峪西村临街112号院门柱石刻“鸟革”（2017年）

林·宫室》:“鸟革翚飞，谓创造之尽善。”古宅院主人以此展示自己的学养。

◉ 水峪中幡

中幡渊源 中幡起源于汉代的高空杂技，此后历代王朝宫廷内皆有中幡演练，只是当时还没有“中幡”的名称，而称之为“幢幡”。至唐代，中幡盛行于贵族、皇室的乐队和仪仗中。元末，中幡从宫廷和贵族的殿堂中走进大都的市井和乡土，成为一种民俗文化和民俗艺术。明清时期，中幡成为一种民间庙会中的表演节目。

中幡传承 “水峪中幡”早期传人是冯姓村民，从大邵村拜师学艺，后来舞出了自己的套路。近500年间,“水峪中幡”活跃在房山西北山区的百里大山中及河北涿州等地。每年农历正月初一到初三、正月十五、二月二、五月十三、八月初一、八月十五等民俗节日或庙会，以及天旱祈雨时候,“水峪中幡”都要走会。在大房山的民间花会表演中,“水峪中幡”始终是众会之首。

“水峪中幡”树誉大房山地区，始于清朝咸丰年间。中幡艺人邢德春，以独到的幡艺深受广大群众的喜爱。邢德春的幡舞得上下翻飞，惊险娴熟，令人眼花缭乱，每次都成为走会的一道风景。从此每逢西北山区走会，十三道大会,“水峪中幡”最受欢迎。邢

水峪中幡参加2008年北京奥运会垫场演出集训期间区乡领导慰问留影

村民练幡现场(2017年)

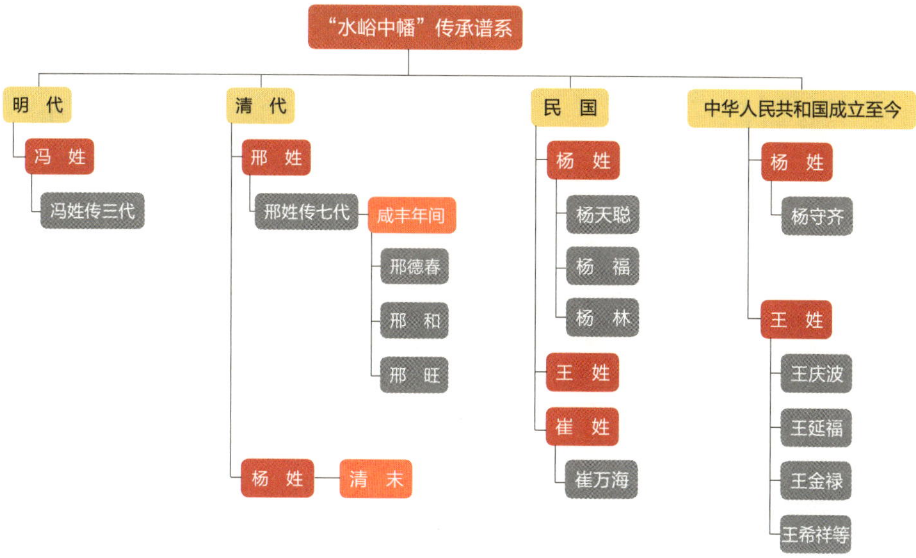

德春精心传授技艺，邢和、邢旺潜心学习，青出于蓝而胜于蓝，水峪中幡盛名在外。后至清末，传至杨姓，以后经杨天聪、杨福、杨林，再传王姓、崔姓。

民国以后，杨姓和王姓成为中幡的主要传人。杨天聪是民国时期著名的舞幡艺人，其舞幡生涯一直到新中国成立初期，杨守齐则是中华人民共和国成立后最著名的中幡艺人，舞中幡以灵活多变著称。"文化大革命"后又传王姓，至1980年传王庆波、王延福、王金禄、王希祥等人。

日本侵略者控制水峪时期，中幡会一度停演，仅有少数会员暗中舞幡。20世纪50年代，传统花会又兴盛起来，水峪村恢复庙会，为三会添置了服装、道具，中幡会也重整旗鼓，开始在山乡一带走会或表演。"文化大革命"期间，中幡会中断表演。改革开放初期重新恢复。20世纪90年代末期，水峪村女子开始加入舞幡行列，"水峪中幡"开始由单一的男子舞幡变为男女同舞。

保护发展　20世纪80年代，水峪大队重新组建起水峪中幡队。初建时，由王庆波、陈宝成、王庆景、杨万志、王庆成、杨中来、杨建秋、王庆云、王金祥、孟祥广、王延福等30多人组成，由老艺人杨守齐师傅带队。新成立的水峪中幡队，冬练三九，夏练三伏，不图功利和报酬，只想把这门技艺恢复和传承起来。一茬接一茬队员经过勤学苦练，将水峪中幡表演动作由传统的30余个丰富完善为60余个。其中经典高难动作有"站肩乌龙绞柱""左右大盘肘""左右担山""封侯挂印""卧看巧云""左右提篮""抱幡坐脚""喜鹊登枝""苏秦背剑""老虎大撅尾""踢脑剑""怀中抱月"等套路。每逢年节，中幡会出

2008 年水峪女子中幡队参加北京奥运会开幕式垫场演出

2015 年水峪中幡参与房山区正月十五花会展演出

2007 年水峪中幡入选北京市非物质文化遗产名录

场，男女队员互不示弱，将十多米高的中幡舞得上下翻飞、风生水起。

功夫不负有心人，“水峪中幡”终于走出水峪村，走出南窖乡，走出房山区。1990 年，“水峪中幡”代表房山区女子中幡项目参加“北京市首届农民艺术节”，一举夺得艺术节二等奖。1995 年，“水峪中幡”代表房山区女子中幡项目，由北京市文化局推荐，参加联合国第四次世界妇女大会中国组委会闭幕式演出，获得集体嘉奖荣誉证书和个人荣誉证书。1997 年 7 月，“水峪中幡”参加中央电视台“迎香港庆回归”特别节目。2007 年，入选“北京市非物质文化遗产名录”。2008 年，参加北京奥运会开幕式垫场演出。2009 年，参加天安门广场国庆表演。2009—2018 年，水峪中幡会作为水峪村的一个旅游项目，除每年农历正月初一到初三、正月十五、二月二、五月十三、八月初一、八月十五等日举行表演外，在水峪村中心戏台，随时免费向游人展示“水峪中幡”的精彩技艺。

表演形式 “水峪中幡”为男子、女子共同表演。因此所用幡体分“男幡”和“女幡”。“男幡”重 25 千克，其形制主要是一根碗口粗、高达 10 米的大竹竿为主竿，顶上有伞盖、旗、大小竿等，由上而下悬挂着一幅长约 5 米、宽 0.6 米的长幅丝绸，幡顶挂有小铃铛。“女幡”略小略轻，重 15 千克，同男子幡体形制一样。

演出现场表演队伍男女各 10 人混编，配 10 面幡（男幡 6 面、女幡 4 面），10 面 1.2 米直径的大鼓，服装整齐划一。鼓声是表演的前奏和指挥，鼓声响起，队员上场，男队员首先游走开场，随后女队员登台亮相。队员恰到好处地运用气功和技巧，可以表演 20 多个节目。

“水峪中幡”动作共有 60 多个，由几个动作组成一个套路，合计 20 多个套路，如常见的“十字披红”“卧看巧云”“喜鹊登枝”“抱幡坐脚”“乌龙绞柱”“太公钓鱼”“苏秦背剑”“霸王举鼎”“封侯挂印”“张飞蹁马”等。中幡表演要求稳、准、快，手眼配合一致。在表演时，表演者用手掌、手背、肩膀、额头、下腭等部位分别完成举、顶、牙箭、站肩、脑剑、担山、盘肘、提篮等动作，不断晃动、抛起、落下。表演时，以扔得高、立得稳为准则。表演者或顶幡上额，或伸臂托塔，惊险动作连连不断，但始终幡不离身，竿不落地。

随着鼓声时急时缓，表演逐步进入高潮。十余米高、几十斤重的中幡在表演者的手中、肩上、脑门、下巴、项背等处上下飞舞、交替腾挪。表演中，幡面彩绸迎风招展，幡顶铜铃叮咚作响，极具艺术性和观赏性。

到 30 里（15 千米）外黑龙潭的龙神庙“祈雨”，是水峪村一项重要的民俗活动。每逢“祈雨”日，“水峪中幡”由南窖村起步，经安子到北窖，再到佛子庄、黑龙关，执幡长驱 15 千米，一路鼓声，一路幡影。每过一村，都要驻足舞上一番，直到黑龙关落脚，执幡起舞，伴随传统的祭龙仪式，“祈龙降雨”。而沿途村民随幡会一路走来，齐集龙神庙前成为“祈雨”的一员。

表演特色 “水峪中幡”以西北山区的百里大山为依托，或游走于村镇，或撂场于寺观。静中生喧，闹中愈静。形融于山水，神合于天地。

“水峪中幡”师徒在练幡（2008 年）

中幡动作分解（2018 年）

“水峪中幡”具有浓烈的乡土气息。幡会的幡手都是劳苦的山民，舞幡是他们劳动生活的一部分，是当地百姓生活自娱自乐的主要形式。与此同时，在舞幡过程中，舞者和观者又得到身心的愉悦和满足。

2018 年 9 月 23 日全国农民丰收节演出

女子舞幡是“水峪中幡”突出的特色。十多米高、几十斤重的幡舞起来，不但要有相当的臂力、腿力、腕力，就连手指、牙和唇也要有超人的承受力。其他地方的幡会只有男子舞幡，水峪地处山区，劳动妇女也加入舞幡队伍。她们在山区长年

劳作，身体健壮。水峪村男女混合表演的中幡，男子舞幡刚健，女子舞幡则有柔美洒脱。

◉ 家国情怀

“大槐树”情结 水峪村民习惯将古村东街称为“大槐树”街，源于“先栽槐树后成街”的说法。村民传说，元末明初，祖先落户水峪，种植“大槐树”以表思乡之情。

350 岁树龄的古槐树（2017 年）

“问我祖先在何处？山西洪洞大槐树！祖先故居叫什么？大槐树下老鹳窝！”这首歌谣在水峪村妇孺皆知。

元朝末年，朝代更替之际，由于连年战乱，加之水灾不断，黄淮流域多地百姓十亡七八；随后明初“靖难之役”又接踵而至，致京、津、冀、鲁、豫、皖诸地深受其害，几成无人之地。自明洪武初年至永乐十五年（1417），明朝两代皇帝为巩固政权、发展经济，特别是朱棣为营建北京都城，50余年间，先后从经济繁荣、人口稠密的山西向北京、河北、河南等10余省组织了18次大规模的移民活动。据明史记载，明朝户部从山西各州县向北京地区移民8次，共计有3万余户。山西移民在迁徙前，或处于自愿或被官兵诱使，先在洪洞县的广济寺办理迁徙手续，然后在广济寺外的一棵大槐树下集结。大槐树上筑有老鹳窝巢，即将离开家乡的移民不忍离去，频频回头凝眸着大槐树兴叹，聆听树上的老鹳哀鸣，潸然泪下。移民中更有甚者，拽住槐树枝久久不愿撒手，官兵们拔刀砍断树枝，强行带领他们离开大槐树，不期一路颠沛流离，到千里之外的目的地时，有些移民的手里还紧紧攥着一段槐树枝。

其中一批山西移民被押解到京西平原地区，有人将贴身带的槐树枝插在安置地，世代呵护它长大成材。明末清初，在京西平原屯垦的山西移民后裔，或受战乱影响，或不堪赋税重盘，或因灾荒困扰，有人携家带口逃往大房山深处。

据水峪村刘、王、杨、隗等姓氏家谱记载，又据明万历年间刊印的《长安客话》佐证：明末清初，水峪各家族先民前后迁自京西平原一带，均属山西移民后裔。水峪杨氏族谱明确记载，其家族系出山西名门，迁到京西永定河畔的李家峪繁衍200多年后，传到杨代保一代，时逢朝代更迭乱世，一家人将祖传家谱和槐树种子藏在背篓里，取长辛店驿站岔道逃进大房山，沿古道翻山越岭最终在水峪东沟落脚，撒下槐树种子期待破土发芽。

清乾隆年间，水峪先民在东沟播下的几粒种子已长成大槐树，围绕几棵大槐树依山而建的杨家、王家宅院相继落成，村民遂称东沟一条街为大槐树街。几棵大槐树根植东沟溪水汇流之侧，枝繁叶茂，竞相比高。

清雍正年间，村民凿好东井（鸳鸯井）后，大槐树街连接井儿道，村民挑水经过时，习惯望着大槐树歇脚，或与街坊四邻寒暄拉话。清嘉庆年间，水峪兴起堂会（花会），大槐树北依长岭坨设神龛，中幡会、大鼓会、银音会逢年过节祈福走会，必在大槐树下举行祭祀活动；各家族红白喜事要在此支棚，伴随着焰火，三会还要沿大槐树街表演节目，通宵达旦。

清道光年间，临近东街晒谷场，村民在几棵大槐树下各凿置石碾一盘。此后，丰收年景，石碾辘辘，五谷飘香，陪伴大槐树的是欢声笑语；灾荒年代，石碾空置，村民忧伤，大槐树下寂静无语。日伪控制水峪期间，因村民用大槐树下的石碾为抗日联军赶磨棒子面，被汉奸告密，全村惨遭兵燹，几棵大槐树被日本侵略者火烧刀砍。

至2018年，水峪东街仅留下一棵大槐树，两人合抱之粗的树干伤痕累累，遮天蔽日的巨型树冠却依然蓬蓬勃勃。村民在大槐树旁竖起的标牌上写着“山西洪洞‘大槐树’”。水峪村常有老人守望着大槐树为游客讲故事。

“两面”村公所 1937年“卢沟桥事变”后，日本侵略者掠夺房山煤炭资源，实行“以战养战”政策，继而控制南窖地区的高线铁路，挟制各村实行“保甲制”，取代以前的“老会”，办公机构俗称“村公所”。一般有一名“保长”和两名“地方”日常处理村务。水峪村当时的“村公所”设在东街娘娘庙。“保长”由年仅18岁的杨天纵担任。杨天纵的父亲此前担任“三老会”会长。日伪占领南窖地区，在村里强行建立“维持会”，实行殖民统治。

娘娘庙（2017年）

抗日战争时期和解放战争时期，根据地党组织坚持在游击区和新开辟地区，积极争取乡、保、甲长为抗日工作，为八路军筹粮筹款，条件成熟的建立“两面政权”，表面上应付日伪军，实际上为八路军、游击队办事，领导组织村民抗日。水峪村与日伪南窖村据点仅一梁之隔，“村公所”的工作时刻在敌人监视之下，“保长”一职凶多吉少，杨老会长退避三舍，其子杨天纵主动担任“保长”，名义上为日伪军效力，暗中发动村民支持参加抗日斗争。

1938 年的上半年，水峪“村公所”数次在娘娘庙等处秘密与党组织接头或召集会议。先后到水峪主持会议或指导工作的共产党员有包森、杜伯华、傅伯英、张成英、赵然、霍良、史万寿等。其间，经党组织批准，水峪村先后有杨天纵、杨天鹏、王广楼、王丙祥、隗永泽、王延龄、孟林等 20 多人参加抗日斗争；随即成立秘密党小组，党小组组长杨天纵利用“村公所”作掩护，保证党小组活动的便利。为日本侵略者征粮、催税，是“村公所”重要任务。杨天纵采用“拖延”“哭穷”“掺假”等“软钉子”应对日伪军。另一方面，杨天纵又组织全村党员和积极分子为八路军抗日游击队筹备物资。尤其是秋收季节，党小组发动群众围着碾盘日夜转，把征集的玉米碾成棒子楂，赶在日本侵略者征粮前，交给抗日联军。1939 年，由于叛徒告密，驻扎在房山河北村和南窖村的日伪军突袭水峪村，烧杀抢掠，搜捕抗日人士，水峪村抗日组织遭到重创，杨天纵身份暴露，与王广楼等党员转而加入共产党领导的房良联合县五区抗日游击队。

古道交通线 1938 年，水峪村基层秘密党小组以“村公所”作掩护，组织农会、妇救会、青救会、儿童团等群众抗日组织，为八路军游击队征集军需物资及生活用品。征集到的粮款织物，找准机会，用骡马驴驮或人背去房良联合抗日县政府机关。为绕过河北村及南窖村的日伪据点，一般走古商道。每次送粮送物队伍，都有“村公所”的“地方”王丙祥同行。

在外人看来，王丙祥不过是水峪村的“保长”跟班，习惯推着独木轮车沿古道做点小买卖，城里山乡四处转，倒腾些“洋货”“山货”吆喝着赚点钱养家糊口。但人们不知道，他就是包森初来当地创立抗日根据地时发展的地下党员，以商贩货郎身份做掩

与村街相连的古道交通线（2017 年）

护，推独木轮车沿古商道行走于城乡之间，为抗日游击队供应日控禁运物资。

1938 年 5 月，八路军五支队派来的杜伯华，刚就任房良联合县政府（驻地在长操村）县长一职，面临的首要问题是保障人吃马喂，但物资筹措困难重重。当时，距长操村不远的河北村及南窖村均有日军把守，即使在附近山乡征购到物资，通过河沟道路运输风险很大。情急之下，县长杜伯华想到包森向他交接工作时介绍过，水峪村与县政府驻地（长操村）仅有一山之隔，有古商道绕山连接，运输上用骡马驴驮就能解决问题；水峪村群众基础好，筹集物资应该没问题；而且水峪“村公所”有个担任“地方”的王丙祥是党组织秘密安排的“商贩”，负责运输物资很有一套办法。但王丙祥原来是跟包森单线联系，要找到他争取他的配合还得费一番周折。

杜伯华得知，长操村地下党员老隗（名字不详）与水峪村王瑞山有秘密联络关系。于是，通过老隗与王丙祥及水峪村建立了联系。杜伯华随即带老隗及几位同志从长操出发，沿古商道翻山找到水峪西街王瑞山家。没想到被日伪兵盘问，多亏王瑞山的母亲和妻子机智掩饰。

最终杜伯华与水峪村党小组接上头，亮明身份，请水峪村帮助县政府解决燃眉之急。水峪村“保长”杨天纵，“地方”王广楼、王丙祥明确表态：“水峪人宁愿勒紧裤腰带、少喝几顿棒子粥，也要把房良联合县政府亟须的粮食挤出来！”

杜伯华离开水峪没几天，村党小组就发动群众筹措了上万斤玉米，男女老少昼伏夜出碾好面、装成袋，“保长”杨天纵与“地方”王广楼负责与日伪巡查兵周旋，“地方”王丙祥又将妇救会做的鞋、袜装上独轮车，带着骡马驴队绕古道将一袋袋面粉安全送到长操村。杜伯华后来到水峪村，不仅夸石碾磨出的棒子面冲糊糊吃着香，还夸古商道上地下党“会做生意”，迷惑了日伪军。

1939 年，日本侵略者焚烧水峪村、破坏隐藏在“村公所”的秘密党小组，“保长”杨天纵、“地方”王广楼党员身份暴露，转而加入房良联合县五区的抗日游击队。而日军并没有注意到王丙祥，认为他还是个“良民”，只是不再让他做“地方”了，但他却可以照常推着独木轮车“做生意”。

1940 年夏末，十渡抗日根据地亟须从城里购买一批紧俏物资，当时房山城被日伪军控制，严禁紧俏物资出城。房良联合县参议会议长赵然，将购买、接运亟须物资的任务交给了三位同志，而且均是水峪人。一位是隗永泽，就读房山师专时与赵然曾是同窗好友、地下党员，在房山城里开有杂货铺，负责为根据地搞情报及购买物资。一位是杨天鹏，既是赵然的校友，也是经赵然介绍入党的党员，时任房良联合县五区区长，受赵然直接领导，由他带队护运物资。再一位就是王丙祥，由他负责从城里隗永泽手里接应物资，并在杨天鹏带领的游击队的护卫下，沿古商道运送十渡抗日根据地亟须物资。

经过一番周密筹划后，杨天鹏带十多名游击队员，化装成背篓挑担的货郎，簇拥着“大商贩”王丙祥，进城找隗永泽“购货”；折回时，隗永泽“打赏”了把守城门的日伪兵，将一行人送出城门，再沿古商道攀岩绕沟赶往十渡。中途，突然被一队巡山的日伪兵包围。带队的杨天鹏与王丙祥立即将“商队货郎”化整为零，疏散在古商道两旁的沟沟坎坎中。待日伪军逼近时，见机行事，分别应付。“商队货郎”有惊无险，完成任务。

秘密抗战 水峪村交通便利，群众有抗日热情，村中有抗日骨干，成为房良联合县和抗日武装重要的秘密活动地点。房良联合县政府等多次在水峪村召集秘密会议，商讨建立基层党组织，扩大抗日力量。为确保安全，每次会议都遍布暗哨，秘密进行。会议多在娘娘庙（“村公所”办公地）召开。此外，东街王家后头院、高楼王家院、西街崔港王瑞山连院、东园子陈家院等农家院，都曾是村党小组与上级领导接头和开会的地方。东街王家后头院日伪控制时期由三户王家合住，家境均不富裕，但三家男女老少和睦相处，积极响应共产党八路军的抗日主张，三家户主在党组织的感召下，均秘密参加了抗日斗争工作。

王家后头院紧邻娘娘庙，背靠长岭坨，院角有豁口可通后山。三户王家按照统一的部署，秘密挖了通往隔壁娘娘庙的暗道。娘娘庙开秘密会议时，全家老少站岗放哨；发现敌情时，他们及时接应娘娘庙的同志们通过暗道转移到自家院内；有时娘娘庙的会议纯属虚设，其实就在后头院里召开；再遇紧急情况，开会的同志会从院角豁口处及时撤走。1943 年以后，后头院三户王家人悄悄撤走，音讯全无。

西街崔港王瑞山连院位于王位山腰，可凭岭俯瞰崔港沟与村中心，便于布哨，退可进山，党组织常在此召开秘密会议。

自 1938 年农历二月起，杨天纵与王广楼二人就时常为党代表包森带路，深入六观窑、车子窑、西铁窑及煤场高线站，宣传、发动工人团结起来抗日。

从水峪村到各煤窑、高线站的山山峁峁之间，杨天纵、王广楼跟随包森在日伪岗哨的眼皮子底下昼伏夜出，与工人们交友，与进步青年密谋，经过一个多月的紧张筹备，共组织矿工 700 多人，在房山五区成立了一支隐形抗日游击队——“黑猛军”。依靠共产党领导的“黑猛军”，煤工们不仅可以向资本家讨回自己的血汗钱，而且可以利用工作之便，限制日伪通过高线向外输送煤炭，以至直接参与或配合八路军的抗日活动。

有一次，包森得知八路军太岳兵工厂奇缺钢材，便与兼任“黑猛军”参谋的杨天纵等人商议，决定在日伪控制的高线上做文章。包森一方面派杨天纵等人潜伏到红煤场高线站与工友们配合，拆卸高线钢铁零部件，人为制造故障致使高线运输瘫痪；另一方面，令王广楼带一班“黑猛军”夜袭驻守高线站的日伪兵警；又让王丙祥带一拨“黑猛军”，将搜罗到的钢材通过水峪古商道送去给在涿州接应的八路军。

日伪军侵占房山时，国民党军队溃退，房良联合县五区可谓是“武装遍地起，司令赛牛毛”，特别是盘踞在周口店、黄山店一带的胡振海武装团伙，集结了上千人。为收编胡振海部，扩大五区的抗日力量，房涞涿联合县游击支队队长包森去说服胡振海时，除了警卫员孙乃谟和“黑猛军”队长李兴随从外，还带了杨天纵与王广楼骑马前往。包森、孙乃谟、李兴、杨天纵、王广楼一行在胡公馆逗留三天三夜，向胡部官兵宣传共产党的抗日主张，传播毛泽东的《论持久战》，终于将胡振海的队伍改编为抗日游击队。

包森在 1938 年农历四月底离开房涞涿联合县五区前，杨天纵、王广楼、王丙祥等水峪党小组成员积极配合李兴，带“黑猛军”一举端掉了日伪在南窖村的据点。

1939 年，日军对水峪村实施报复，“保长”杨天纵与“地方”王广楼的党员身份暴露。同时，“黑猛军”也被来自房山河北村的日伪军驱散。杨天纵、王广楼及村党小组其他逃脱日本侵略者追捕的党员，暂时躲避锋芒、离村不离家乡，纷纷加入到房良五区新组建的抗日游击队中。身份尚未暴露的王丙祥、王瑞山等人仍坚守在村里，进行着各种隐蔽形式的抗日活动。

由于水峪一带的抗日游击队活动频繁，1940—1943 年，日伪采取“三光政策”，出重兵多次对水峪村进行扫荡洗劫，不仅烧毁了水峪村数百间房屋，还抓走多名“亲共嫌疑分子”。村民王德文、王香、杨守义、王庚等人均被抓，他们被日伪兵押到南窖大队部后，先是灌“辣椒水”“石灰水”“生小米”，再用刺刀捅、严刑拷打，村民王德文被迫害致死。由于查无实证，其他人被迫给日伪军修工事服苦役。

1943 年，杨天鹏带胞弟杨天贺等游击队员，在长操村九道河阻击日军时，被汉奸带来的日伪兵抄了后路，兄弟二人均不幸中弹牺牲。噩耗传到房涞涿联合县政府，县委书记赵然感伤至深，为同学加战友杨天鹏挥笔疾书：

幼年寒舍结深交，情自相投气自豪。
把酒论诗来月下，品茗高唱在花朝。
为求解放齐参战，因抗顽敌共执矛。
不幸你遭奸细手，此仇此恨几时消？

◉ 庙会花会

祈福庙会 清康熙年间起，大房山地区庙会兴盛。庙会是村里的民众节庆活动，花会是庙会中最主要的表演形式。清末始，每逢年节，水峪村民举行“祈福庙会”，俗称“走会”。即以中幡会为首，带银音会、大鼓会及宗族列队，从村中心戏台出发游街走巷，沿途活动须敬拜各路神明，奉烧七炷香火。一般在尼姑庵（西面庵）烧头炷香，然后祈福队伍依次去马王庙、东瓮桥（五道庙）、娘娘庙、龙神庙、老爷庙、门楼烧香，祭祀毕。东瓮桥、娘娘庙现仍经常举办庙会活动，其他场所仅有遗迹可寻。

祈子活动是祈福庙会的重要活动。每逢吉日，都有香客到娘娘庙进香，一年四季，庙里都有祈福求子保平安的缕缕青烟袅袅升腾，洪钟声震山谷，余韵悠长。庙会时，走会队伍浩浩荡荡，从东瓮桥进入，沿井儿道上行，排队过罗锅桥，入庙进殿，虔诚敬香叩拜。

庙会祈福地娘娘庙及罗锅桥（2017 年）

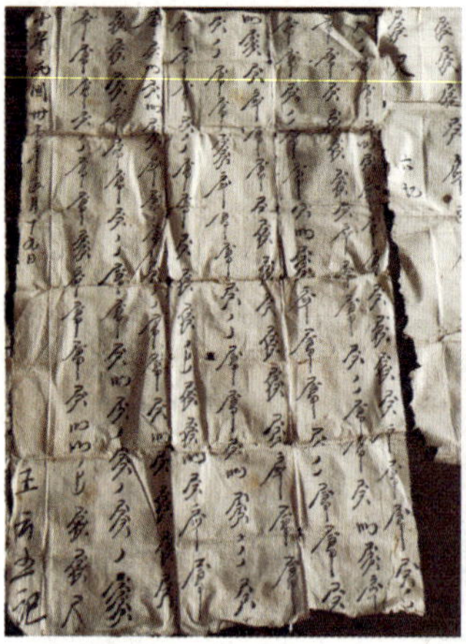

大鼓古谱（2018 年）

大鼓会（2018 年）

大鼓会 水峪村大鼓会始建于清末，由山西民间老艺人传习至此，属民间花会组织之一，声势恢宏，十二面大鼓一起擂响，声震数里。间杂小钹四十套衬子两面，交相辉映，彼此敲响，具有独特艺术形式和感染力。大鼓鼓面直径 70 厘米，高 38 厘米，单人斜挎敲打，大鼓会沿街行走，名为"走会"。每逢民间重大事件或重大节日，便出会庆贺。大鼓会有自己的组织形式和组织纪律，会员自愿入会，经审查合格后方可参加。会员演练，不计任何报酬，是一种自发的民间艺术形式。

中华人民共和国成立后，大鼓会进入兴盛期。大鼓会会员王丙正、杨天英、杨万选等鼓手们打鼓最精神，鼓棒上下起伏，红绸飘舞，十二面大鼓惊天动地，气壮山河，铜钹更是清音嘹亮铿锵有力。一通鼓打出点，二通鼓打出花，三通鼓打出山峰耸立，四通鼓打出星光灿烂，五通鼓打出春回大地。

2003 年，水峪村集体投资 6.8 万元，按旧尺寸购置大鼓 12 面，小钹 40 副，组建 60 人的队伍，其中男队员 20 名、女队员 40 名，由老艺人教习，按旧谱习练，保持原有特色，使这一古老民间艺术得以传承。

至 2018 年，水峪大鼓会演练已初具规模，可重现历史风貌。每逢乡里举办大型庆祝活动，大鼓会必到会擂鼓表演，以壮声势，营造热烈欢快的和谐氛围。

银音会 银音会在北窖地区已有 300 余年历史。水峪银音会成立于清末，在南窖六合会占重要地位。所用乐器主要是银锣、铛子、笙、笛子、小镲、大镲、铙子等。表演形式以坐堂、踩街为主。踩街，就是演员在大街上一边走一边敲着银锣、吹着笛子和笙、打着大小镲，是村里庆祝节日的一种方式。演奏的曲目是北窖地区世代相传的《老八板》《天下乐》等 80 多首曲子。加入银音会要拜师习谱，演习器乐，达到演出标准，方可正式入会。中华人民共和国成立前后那段时间，水峪村银音会的会首是隗有昶，他的银锣敲得清脆悦耳，不但正面打，反面也能打；王广林的笛子吹得悠扬婉转；西街王二先生吹奏的管子技艺独特，声音高亢明亮、粗犷质朴。

◉ 石板岩画

石板岩 石板岩，学名板岩，是大房山重要的矿石原料，主要贮存在远古界长城系高于庄组、蓟县系洪水庄组、青白口系景儿峪组和中生界三叠系地层，主要分布于大房山北部乡镇。

板岩是由黏土岩、黏土质粉砂岩经轻微变质作用形成，具有平板状结构，沿其平行、平坦的裂面，破裂成厚度不同的薄片，村里人称为石板，是大房山石板屋的主要石材料。石板岩根据颜色和所含杂质，可分为炭质板岩、钙质板岩、砂质板岩等。颜色有褐红、白色、蓝色、棕黄、紫色、紫灰色。有的石板岩，具有斑点、条纹图案，十分美观。石板岩作为民宅的建筑材料开采利用历史悠久，到清代已大规模开采。工艺石板岩，青灰色，水平层理清晰，劈开性强，石质韧性强、柔软、光滑、色泽柔润，可用来加工精品砚台。20 世纪 40—50 年代，主要将石板做成学生练习写字的小黑板。水峪人则在石板上作画，开创了水峪人独有的艺术形式。

石板岩画技法 水峪石板岩画发祥于明末清初。村民利用当地水泉陂盛产的青石板作画；绘画颜料是本地产的矿物盐（氧化汞、硫酸铜等），保存弥久，俗称石板画。

东街王家门楣岩画（2018 年）

村落石板岩画安装在门楼和墙体上，形成独特的建筑装饰。由于时光剥蚀和人为毁坏，至 2018 年，水峪岩画真迹仅存东村王家三间房门楼上的三幅。画风古朴典雅，简约练达。2000 年始，村集体为把石板岩画技艺传承下去，组织有关专家，根据当地传说及老人记忆，借鉴现代壁画工艺，用高科技手段修复和再现了部分古宅岩画。

具体画法有：干壁画，在粗泥、细泥、石灰浆处理后的干燥墙面上绘制；湿壁画，基底半干时，以清石灰水调和颜料绘制，须一次完成，难度较大；蛋彩画，以蛋黄或蛋清为主要调和剂的水溶颜料，在干壁上作画，不透明、易干、有坚硬感；蜡画，蜡与颜料混合画在石质上，再加热处理；丙烯画，以丙烯酸为主要调和剂，快干，无光泽，现代壁画常用。以上画法有时混用，或与工艺制作、浮雕结合。

古村保护

水峪村具有物质文化遗产、非物质文化遗产、文化遗址、历史建筑、民间艺术、民间技艺等诸多有价值的传统文化。保护传承水峪村传统文化，是记住乡愁、传承中华优秀传统文化的重要历史责任。古村保护是一个非常复杂的系统工程，涉及多个领域。水峪村领导班子高度重视水峪村传统文化的保护工作，坚持规划先行，依法循章保护古村文化，分别制定了《北京市房山区南窖乡水峪村保护规划》《房山区水峪历史文化名村保护暂行管理办法》《北京市房山区水峪民俗旅游村详细规划》等法规性文件，实实在在提高古村保护的前瞻性、系统性和可操作性，实现了水峪村古村保护与旅游开发的依法管理和有序发展。

水峪古村形制图（2017 年）

◉ 村落形态

古村形制　水峪村以官房为核心，以通向南窖村、石堡村、工农兵水库、房山县城方向的四条古道为轴线，整体呈现为“三山两谷三古河”形成的Y字形沟谷地貌。地势东南高西北低。以东瓮桥、西瓮桥为标志，以杨家大院和王家大院为主体，分成了水峪东村和水峪西村。俯瞰村落，负阴抱阳，藏风避气，依山面水，浑然天成。清康熙年间，水峪先民历经数代辛勤耕耘，丰衣足食。遂依祖传术数为据，详考水峪村地理地貌，经考察和甄选，以太极阴阳原理设计村落形制。所有宅院依山而建、错落有致；地基墙体皆就地取材青石，房顶也用青石板铺设而成；墙皮是用石灰和煤粉做原料，色调为与山水相融的青灰色；建筑有石雕、砖雕、木雕、岩画等艺术装饰，幽静典雅、古色古香，兼有山西古民居及京郊民俗文化底蕴。水峪东村、西村以东西瓮门为界标，镶嵌其间的遗存景观古朴自然。如东西瓮桥、杨家大院、娘娘庙、石拱桥、鸳鸯井、双石槽、龙王庙、老爷庙、尼姑庵、佛顶珠、大槐树、古石碾、纱帽山、古商道、石垒梯田、石板岩画、大槐小槐底槐街等。参差错落的宅院就坡面沟，舍前屋后坡岭梯田层叠，呈现明清时期风格。水峪东村具有特殊的村落形态。坐北朝南的长岭坨，位于东村中心点，五行属中土；背靠高阔幽远的中窖梁，村民俗称“靠山”；后岭为“后玄武”位置，五行属水；对面南坡岭为照山（也叫望山），属“前朱雀”位置，五行属火；长岭坨左上方小山为“左青龙”位置，五行属木；右上方小山为“右白虎”位置，五行属金；村落在前朱雀、后玄武、左青龙、右白虎的拱卫下，村路以S形石板古道首尾贯穿，把村落分隔成头部吻合的两条“鱼”，一条“鱼”尾甩向东瓮桥，另一条“鱼”尾甩向南岭古商道。长岭坨正处于阴阳图的阳鱼阴眼位置，娘娘庙正处于阴鱼阳眼位置；阳中含阴，阴中含阳，互相包含，但不论是鱼或眼，皆独立而置，绝无混淆。村落四周八个方位，以南天为始，顺时为序，对峙为则，分别是乾坤、巽震、坎离、艮兑。蕴意天地、风雷、水火、山泽，神似伏羲先天太极八卦图。

水峪西村，位于王位山山下水峪河沟与水峪西村河沟相交的三角形地段内，东傍水峪河，北傍水峪西村河。西村在日伪侵占时期惨遭焚毁，其形制日渐模糊。

千年古道 北京西山大房山古道是京西古道的重要组成部分。

大房山山岭呈北东向延伸，西南延至上方山，东北隔大石河与谷积山连为一线，东面是京西南的山前平原。商周时，燕地（大防山山前平原）已有供驷车驰行的大道。秦时，宽阔平坦的驰道曾贯越大防山山前平原。西面是大游龙山、西占山，北面是京西著名山峰之一的百花山，亦称百花坨，海拔 1991 米，主峰白草畔海拔高度 2035 米，为房山区与北京市门头沟区、河北省涞水县界山，西过长城与河北省蔚县、小五台山相连，至浑源成恒山一脉。大房山位于太行八陉蒲阴陉（紫荆关）与军都陉的中间地段，是草原文明与中原文明的重要界山，具有重要军事战略地位。

古道风光（2017 年）

大房山古道，随着西山社会功能的变迁，古道的走向呈现出不同时期的特点，水峪村的古道文化也呈现不同的特点。纵观西山历史，大房山古道可分为几个不同历史阶段：

殷商、姬周、春秋、战国有幽州，姬周、春秋、战国的幽州有燕国，燕国置中都县，县治在今窦店村西。秦改中都县为良乡县。秦始皇二十三年（前224）于燕地置广阳郡，辖良乡。西汉高祖六年（前201）置良乡、西乡侯国，并隶涿郡。自此，前汉、后汉、曹魏、晋代、后赵、前燕、前秦、后燕、北魏、北齐、周、隋代，良乡县均隶属于涿郡（范阳），永定河以西的京西古道特别是大房山古道，主要走向当是到涿州方向、良乡县方向。

李唐、朱梁、后唐、辽代，有幽州、永定河以西的京西古道特别是大房山古道，主要走向当是到涿州方向、良乡县方向。去涿州方向、去良乡县方向的大房山古道，主要出口当是张坊、三岔、孤山口、周口店等。水峪村地处大房山中心区域，是芦子水、堂上、石堡、周口店古道上的必经村落。

金大定二十九年（1189），为奉山陵（金陵），金置万宁县，明昌二年（1191）改万宁县为奉先县，至元二十七年（1290）改奉先县为房山县。从置万宁县城起，县城

古商道（2017 年）

至水峪、至石堡、至堂上、至芦子水、至镇厂，乃至至涿鹿的古道，就成为一条重要的官道。

途经水峪村的古道主要有：

水峪至大安山古道：从水峪到南窖，到红煤场，到大安山，到门头沟方向。

水峪到镇厂古道：从水峪到石堡，到堂上，到宝水，到芦子水，到镇厂。

水峪到张坊古道：从水峪到石堡，到四合村，到东关上，到千河口，到张坊。

水峪村到周口店：从水峪村到南窖，过岭到车厂，到西庄，到迎风坡，到房山城关。

水峪村到黄山店：从水峪村到南窖，过岭到车厂，到长流水，到下寺，到黄山店。

自煤炭业兴起，由山里煤炭产地至山外城镇的驮运路随之形成。安子至周口店路，起自三安子，越杨家大岭，东向奔庙儿庵，入长沟峪，再转向南至周口店，此路山危径险，然而却是沟通山南山北最捷之径，至民国年间，运输驮队仍接连不辍。

辛亥革命后，国人对发展交通运输之意义渐有认识，要求修办公路事业呼声日高。1914 年，北洋政府颁布《京师公修道路简章》，并于京兆尹公署下设京兆国道局，负责京畿道路管理。斯时，房山、良乡两县计国道 1 条，为京保公路；县道 3 条，为良房公路、房涿公路和房涞公路；另有县与镇路 9 条，永定河大堤路 1 条。皆为土路，或土石相兼。

日军侵占房山良乡地区后，为掠夺山里煤炭资源，对平西抗日根据地进行封锁，并向平西抗日根据地腹地深入，自 1939 年秋起，在拓宽原良坨路基础上，日军又修通坨里至南窖及红煤厂至大安山两条公路。坨里至南窖公路为河套沟公路干线，始于坨里，中经磁家务、河南、陈家台、班各庄、黑龙关、佛子庄等数十村，直抵日伪重要据点南窖。路宽 4 米，长约 35 千米，属沙石路。

数千年的大房山古道，从此衰落。

街道格局 水峪村东村与西村街道格局截然不同。水峪东村街道、河道、古道多处重叠，交相辉映。瓮桥外、街屋与官房之间石铺街道，隗家宅院处有胡同。多处为宅院大门口直对古道。

水峪西村，则是沿古道两侧，形成多条南北走向的街道，与水峪河沟相连，条条街道由水峪村中心的水峪河沟沿山坡向上延伸，呈平行的阶梯状结构，水峪古道由水峪河穿越街道，向山上延展。西接瓮门，屹立村口，几位王先生家的大院儿，分布在村中。

古道客栈 大房山古道，人来客往，打尖住店，必不可少，客栈由此应运而生。

客栈，就是客店，水峪村方言俗称“店落”。水峪的店落位于东街口古道旁，是杨家大院的老杨家于清代开的客栈。清道光年间最红火，每到傍晚，在铃铛声中，从不同方向赶着骆驼、毛驴、骡子驮运货物路过水峪村的客商，常在这里住店歇息，第二天奔豹井安，上南岭古道到良乡、涿州等大城小镇方向行商。

水峪村方言把高处称为“高落”。相对于杨家的客栈，王家人开的客栈在高处，俗称高落客栈。高落客栈位于水峪村西村古道入口处，坐落在山坡上。高落客栈主人姓王。据说清末民国初时，在这里歇脚补充给养的驼队有时首尾相接。

古道旧貌复原图　　吴培芝　手绘

古道客栈（2017 年）

历史上的山村客店，一般是几间屋子，有几条炕供客人睡觉，被褥一般是自己携带，也可店家提供。有马厩或牲口棚，供商客喂食牲口。店里设有灶房，或代为客人加工食品，或由店主出售食品。

店落（2017 年）

◉ 规划办法

水峪村历史久远、成村较早。漫长的历史沿革，为村里留下了大房山古道和古村落。水峪古村落，布局按照五行和太极八卦图选址设计，有大南场和小南场、古街道、100余套600余间原生态古民居，以及古瓮门、古戏台、娘娘庙、马王庙、龙神庙、古道和古槐树等。

不只是古民居，水峪村的128盘石碾还创下收藏石碾数量之最大的世界基尼斯纪录，以及独具特色的中幡表演。古宅、古碾、古中幡、古道并称水峪村的“四古”。水峪村的中幡可以追溯到明洪武永乐年间，盛于清咸丰年间。2007年，“水峪中幡”成功入选北京市级非物质文化遗产名录，曾参加北京奥运会、国庆六十周年等大型庆典活动，已成为房山区乃至北京市著名的文化名片。

保护规划 2012年，北京市提出将水峪村申报为“中国历史文化名村”。为协调好资源保护与村庄发展之间的关系，积极保护并推进村庄转型再发展，水峪村积极向各级政府行政主管部门申请，编制了《北京市房山区南窖乡水峪村保护规划》，水峪村的古村保护和发展纳入规范化科学化管理发展的轨道。

《北京市房山区南窖乡水峪村保护规划》(以下简称《保护规划》)探索历史村落内涵挖掘和保护利用方式创新，围绕水峪村的历史文化价值特色，实施多层次、多类型、多途径的系统保护，使水峪村悠久深厚的历史文化得以保存、继承、延续，促进村庄的可持续发展。

《保护规划》共18章。第一章总则，第二至｜八章依次为：历史文化价值与特色、村庄功能定位和保护原则、保护范围及建设控制地带划定、整体空间形态保护、街巷的保护与整治、建筑单体的保护与整治、院落的保护与整治、历史环境要素保护、非物质文化遗产的保护、土地利用规划、绿地系统规划、产业发展规划、旅游规划、道路交通系统规划、市政设施规划、防灾减灾规划、规划实施建议。

《保护规划》遵循自然发展规律，坚持可持续发展原则和与周边人文和自然环境相协调，充分考虑“沟域经济”的大背景大环境，走一、三产业相结合的新路，将视角扩大到与周边地区联动发展，针对“保护完好、发展滞后”的深山区村庄特点提出保护与发展相结合的规划。

管理办法 为加强对水峪村历史文化名村的保护与管理，传承中华民族优秀历史文化遗产，2012年，房山区政府制定了《房山区水峪历史文化名村保护管理暂行办法》(以下简称《管理办法》)。《管理办法》明确区政府领导水峪村历史文化名村的保护和监督管理工作，将水峪村历史文化名村的保护工作纳入国民经济、社会发展计划和城乡建设规划。房山区农村工作委员会、区文化委员会、房山规划分局等有关部门在各自职责范围内负责水峪村历史文化名村保护和监督管理工作。南窖乡政府负责具体实施水峪村历史文化名村的保护措施，引导村级自治组织依照法律、法规和经批准的规划有序启动各项建设。

《管理办法》共五章三十四条。第一章总则，第二章保护规划的编制、审批和公布备案，第三章保护管理措施，第四章监督管理，第五章附则。《管理办法》明确了水峪村历史文化名村保护与管理的责任单位、内容、要求，明确了水峪村历史文化名村保护与管理的法规要求。

◉ 修复保护

初期修复 抗日战争胜利后，西街大部分村民在被日本侵略者焚毁的宅基上建起新居；东街100多套、600余间古宅分别由院主人居住维护。20世纪80年代始，水峪东街陆续有村民迁往城里或在村中心至西套大花地一带另建新居，空置古宅日渐破损严重。20世纪90年代始，水峪村在新农村建设过程中，在注重保护古宅形制的前提下，挖掘民俗文化元素，由村集体投资，对先民栽下的大槐树进行抢救性养护；对红色传统院落后头院及杨家大院进行重点维护。随之，在大槐树街（东街）上开设红色农家乐，修置启用古石碾，恢复中幡表演，组织农耕体验及爱国主义教育活动等，通过古村民俗特色的展示，带动休闲旅游经济的发展。

2008年，水峪村在参与“北京最美的乡村”评选活动中，实施古宅居民吊炕入户，在倡导洁净生活的同时杜绝了火灾隐患。同年，村集体对东沟彻底进行疏通排险；对东街青石路面进行恢复性整修；对古宅石墙进行全面加固；对杨家大院石级进行重新铺砌；在村中心修建了2座冲水厕所。除了这些美化环境、方便游客的举措外，水峪村还通过实施“百座石碾布展”工程，将128盘石碾零散分布、安置在全村各处，供游人使用。2008年后，水峪村还在房山区旅游委的支持下，修了2000多米的登山步道，建了9座游山观景亭，拓展游人的活动空间，释放古村的接待压力，减缓古宅院的人为践损程度。

明确责任　2004年水峪村被确定为“市民俗旅游村”以后，村集体通过对100多套古民居及其他古建筑逐一排查、加固、登记、造册，并与各宅院主人签订责任书，实行挂牌保护。针对空置古宅（主人在外地）或无主户，村集体安排专人负责守护，防止人为破坏或随时检查房屋情况，若遇损危或险情，随时报村集体修缮。

2012年实施的《管理办法》明确，房山区政府领导水峪村历史文化名村的保护和监督管理工作，将水峪村历史文化名村的保护工作纳入国民经济和社会发展计划和城乡建设规划。建设、国土、水利、交通、公安、规划、发改、工商等部门在各自的职责内做好保护工作。南窖乡政府负责具体实施水峪历史文化名村的保护措施，引导村级自治组织依照法律、法规和经批准的规划有序启动各项建设。

系统修复　2012—2014年，水峪村相继被评为“中国传统村落”“中国历史文化名村”。其间，房山区文化委员会投入200万元，水峪村集体投入30万元，对东街娘娘庙进行全面修缮。

2015年，北京市财政将水峪村列为市级古村落保护的标杆，下拨专款2.3亿元扶持水峪古村进行保护性修复。2016年始，水峪村对古村136处、20000平方米的一类院落和二类院落进行全面修复的同时，通过实施“三线入地”工程，配套上下水等市政基础设施，引入社会资本，发展高端民宿旅游和文化创意产业，在保护古村的基础上，深度挖掘延伸文化内涵，通过民俗展览、农耕体验、红色教育、影视拍摄等途径，传承水峪历史文脉，讲好“中国故事”。

2017年，为推进水峪村市级传统村落保护利用试点工作，南窖乡聘请北京建筑大学古建筑专家团队编制《水峪传统村落保护修缮实施方案》（以下简称《方案》），《方案》主要包括水峪村整体定位及发展目标、整村建筑修缮方案、基础设施建设方案和环境综合整治方案四方面内容，在多次征求水峪村村民、南窖乡党政领导班子和市农村工作委员会相关部门意见的基础上进行修改完善，完成编制工作，上报市农村工作委员会，按照“统筹推进、分步实施、试点先行”的思路，全面启动水峪传统村落保护修缮工程。

保护成效　随着旅游业的发展，水峪村所蕴含的历史文化元素日趋凸显。2011年，水峪村开始申报“中国传统村落”“中国历史文化名村”。2014年3月，经住房和城乡建设部、国家文物局联合评定，水峪村入选第六批中国历史文化名村名单，成为房山区第一个、北

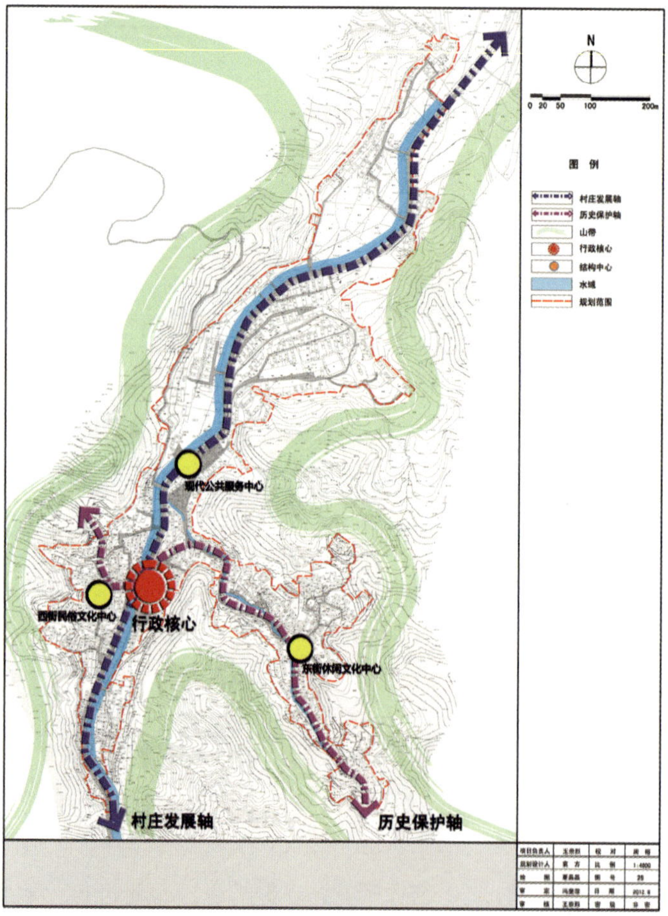

水峪村保护规划结构图

京市第五个“中国历史文化名村”。

2014 年国庆节前夕，北京市“文化遗产日”活动在水峪村举行。同年，北京市正式启动传统村落保护与利用工程，水峪村被列为北京首批 5 个“中国传统村落”修缮保护村落之一。

“中国历史文化名村”，成为水峪村发展的重要里程碑。

旅游名胜

水峪村旅游资源丰富，以人文类资源为主体，有自然风光、民俗文化、生态资源等，集中分布着6大类、74个旅游单体资源。古村落特色鲜明，整个村庄保留着比较完整的古代建筑群，600余间、100余套明清时代的四合院、三合院民居坐落在水峪村东缓坡之上，格局保留比较完整。一条S形青石砌成的古道贯穿全村，古道、八卦地形、中幡表演、百盘石碾等，增加了水峪村的文化底蕴和历史价值，形成独具特色的建筑风格。

水峪村自然资源以山地为主，但也有多处水库、平台等，体现出不同的特征。有群山环抱、风景优美的水峪水库，有京枣39、黄金梨、中华圣桃、柿子等山果采摘园，有植物、山泉丰富的水泉陂生态旅游区。

保护好古村落是记住乡愁的历史文化工程。改革开放后，水峪村在各级党委政府的领导和支持下，以保护古村落为己任，在不断加强保护的同时，不断开发古村落的旅游文化资源，全村旅游事业得到快速发展，旅游成为水峪村的支柱产业。

◉ 旅游资源

纱帽山 坐落于水峪豹井沟的南侧，巍峨耸立，地形险峻，景色秀丽。远远望去，犹如古代官员戴的乌纱帽，而得名纱帽山。

王位山 位于水峪西村南部，山顶有两个双子山峰遥遥相对。远远望去，高耸入云，峰峦叠翠，气势昂然。水峪西村居民多为王姓，为追念先祖，将双峰取名为王二尖，后觉“尖”字发音不妥，更名为“王位山”。王位山上分布着椴木、白蜡木、桦木、山桃木、六道木、小叶白杨等原始次生林木，由于王位山海拔高，地形峻峭，植被丰富，是登山爱好者和旅游爱好者的乐园。

鸟瞰水峪（2018年）

港子沟　道路坎坷，两侧古宅都是杨氏所居。热闹时约有百人，现已全部迁出，空旷清幽，不闻人声唯有鸟鸣。历史上，这里村民以务农为生，勤于稼穑，喜诗书，有宅曾当书院。更有一名艺人，说书工匠，每到盛夏歇伏，在南道清凉处，众人围之讲北宋、谈三国，不亦乐乎。

赏月丘　长岭坨别称，原是自然形成的圆形土丘，因村民取土沤肥，日渐将土丘掏平，后重新用沙石垒砌，改造成平顶圆台，以象征农祀文化的五色土填基，周围镶有木格凭栏。今人称“赏月丘”，意指站在这里，日享阳光沐浴，夜赏明月佳处。每到春秋两季，夜半时分，可赏一轮明月落到纱帽山峰之上，恰似一颗金珠盘于山巅翠丛顶，因有“翠顶金珠”之景。

南坡岭、栗台岭、松树岭　三岭连为一体成为一条龙脉，把水峪村分为东、西两部分，大岭两侧，梯田密布，树木郁郁葱葱，其势蔚然可观。站在南坡岭上可俯瞰东村整体布局。

后岭　清末民国初，后岭人气颇盛，这里居住着王、陈、隗、杨四大家族，共有隗家大院、王家大院、阳台子大院、阳台子小院、常岭陈家小院、后岭王家小院、岩根小院等多座院落。

八卦梯田　在水峪东村后山的孟港沟，有许多梯田。这些梯田新颖别致，既有南方梯田的特点，又有北方梯田的特色，登高俯瞰，宛若置身于自然形成的连环八卦阵！这些环形的八卦阵环环相扣，互为参照，蔚为壮观。据当地村民说，孟港沟共有 108 卦之多。

位于东街后岭的八卦梯田（2017 年）

茅草岭 与黄岩头相峙，与松树岭相邻，山脚下紧连东瓮桥，据说，因茅草岭是东瓮桥北方的天然屏障，故瓮桥内才能积蓄生气、财气、文气和灵气。茅草岭地势险要、居高临下，站在这里可以俯瞰水峪村和村口的大路，因此，在战乱的时候常作为瞭望哨，以观察敌情。

水泉陂 水泉陂坐落在太行山山脉与燕山山脉交会处的房山区南窖乡水峪村和霞云岭乡大草岭村的交界处，海拔1000多米。森林覆盖率90%，面积约28平方千米，生态林还保持着原始形态。由于海拔高度最低处也比城区高500多米，水泉陂的平均温度比市区内低5℃，即使酷暑，夜晚也需拥被而眠。水泉陂拥有丰富的奇花异草、野果山菜，是野生动植物宝库。由于高大山岭的阻挡，水泉陂夏秋两季，东南季风吹来的潮湿气流，沿山谷上升形成云雾。云雾有时滞留在山谷形成云海，有时沿山坡爬行，云雾缭绕。如果站在水泉陂，就可以看到悬崖峭壁下万顷波涛滚滚急流，似海非海，似雾非雾，犹如置身仙境。从山下到山顶具有明显的植被垂直带谱分布规律，即海拔500 ~ 900米为温和的阔叶落叶林和灌木丛景观带，海拔900 ~ 1200米为温凉的中山落叶松林、桦林景观带。

水泉陂植物资源丰富，有油松、落叶松，间有杨、桦、栎、椴等野生树种，属原始次生林，森林随季节变化色彩。水泉陂地貌复杂多样，山势刚劲挺拔，山顶和山下气候差异明显，春夏秋三季都有不同的山花应时开放，山桃、山杏、山荆子、蒲公英在春季开放，花色以粉红为主；丁香、蔷薇、百合夏季开放，花色繁多；秋季多为菊科植物，花色以紫色、蓝色为主。

水泉陂有丰富的山泉，几乎每道沟谷都有泉水溪流，“山有多高，水有多高”，涓涓泉水叮咚作响，正是水泉陂的灵气所在。登顶，可俯瞰南窖，山中古松参天，绿荫环抱，松柏连片，涛声阵阵，奇峰、古松、怪石构成了一幅美妙绝伦的自然山水画面。

佛手山 在西山采摘观光园南部有一透空山顶，其形酷似佛手，故得名佛手山。佛手山是水峪通向河北和山西著名古道的必经之地。

水峪村人文旅游资源一览表

表1

项目	名称
古民宅	杨家大院、王家大院、崔港院、后坡院等100余套600间古民宅
古庙宇	娘娘庙、马王庙、五道庙、龙神庙等

续表 1

项目	名称
公共服务区	老官房、传统戏台
古树名木	千年古槐
古道遗迹	多条古商道及古客栈遗址
风物遗迹	古瓮桥、鸳鸯井、对石槽
古石碾	清道光石碾、光绪石碾等 128 盘古碾
板岩诗画	石板岩画、石板诗
北京市非物质文化遗产项目	水峪中幡
传统庙会	大鼓会、银音会、祈福庙会等

◉ 保护开发

生态观光 2000 年始，水峪全域实行退耕还林，加快产业结构调整，在西山实施生态观光园工程，解决退耕还林后剩余劳动力就业，发展休闲旅游服务业。截至 2003 年，村集体通过筑巢引凤、招商引资，先后与北京中绿公司及龙聚森农业发展有限公司合作，总投资 4500 万元，用于园区的基础设施建设。钻探 500 米深水井 2 眼，架设引水管线 4000 米，建灌溉蓄水池 13 个，硬化环山道路 4000 平方米，铺设观光步行道 4000 平方米，修整 2000 平方米的停车场 1 处等；修整山场梯田 1100 亩，整地除荒 800 亩，垒墙豁子 1100 个，垒外墙檐 15000 米，安装变压器 2 台，架设高压线路 1000 米，建成

西山观光园休闲区（2016 年）

总面积为150平方米的管理用房5间。西山生态观光园的运行，解决了200多名农耕剩余劳动力就业，村集体每年旅游创收20多万元。

基础设施 2000年，全村相继在基础设施方面投资450万元，完成村庄2200米主路翻修和柏油硬化，村内小路和各个胡同全部铺装硬化；敷设入水主管线、支管线13000米、排污管线11000米，新建公厕4座；户改厕240户，粉刷墙面8000米；安装太阳能路灯170盏、太阳能热水器200台、吊炕115户；打机井4眼，建蓄水池16座，高低压线路、泵房、水泵等配套设施趋于完善。

2001年，全村进行小流域综合治理，清理河道、垒砌大墙近1000米，重新修复南沟水库至冯家沟子的疏水管路4500米。集体不仅对古村东街整修加宽、路面硬化，而且临街砌墙及修排水沟274米。重新修复拓宽村里至西边大南地全长4200米、宽4米多的盘山公路，铺筑水泥路面。

2004年10月，村集体对大灰窑一带河边险户进行拆迁，新建排房36间，于2005年年底竣工，2006年年初拆迁户搬进新居。

2005年9月，水峪村党支部及村委会办公地址从西沙地迁至水峪小学原址。

2007年，水峪村在孟港沟建设拓展训练基地；修整恢复25千米古道遗址；在村域布置安装128盘石碾，并开通观光旅游车；在村中心操场修建房23路公交车停车场，并建成旅游服务接待中心。

2000年修建的西山公路

2011 年，水峪村与中绿公司签订合作协议，在水峪投资建厂，对山地特产进行深加工，并深度挖掘当地的历史文化资源，建“农耕博物馆”，集约发展水峪的旅游业。其间，北京市旅游委组织专家对水峪村的旅游管理者及民俗接待户进行诊断式培训，提升旅游从业者的经营理念、发展思路、产品开发及营销服务水平。

2012 年，水峪村落实南窖乡“文创之乡”战略，共投资 3000 余万元整治村域环境、保护修葺古村落，在南窖乡政府的统筹下引入市场机制，与北京市新华联等公司合作，以“农户 + 合作社 + 企业”为经营模式，在保护古村传统机理、集约利用资源的基础上，建设集民俗文化、爱国主义教育、影视拍摄、生态体验、野外拓展训练、无公害山果认养采摘、休闲养生等为一体的多维度旅游景观基地。

2015 年 8 月，水峪村与华凯集团签订民宅租赁协议，选取古村 5 套 61 间闲置民宅作为试点，外部修旧如旧，内部以五星级标准进行装修，开发民宿休闲旅游和养老项目。

2015 年年初，水峪村在做好传统媒体宣传工作的基础上，开通乡、村两级微信公众号，新旧媒体互为补充，多形式、多层次开展宣传活动，提升“中国历史文化名村”的推介水平。

2016 年，水峪村加大基础设施建设力度，总投资 1469 万元，在水峪村修建登山步道 31000 米、护栏 7100 米、景观亭 8 座、生态停车场 3800 平方米。投资 150 万元对水峪村的环境进行综合治理，铺设污水管道，建设污水处理站，对村庄进行绿化美化，配置移动公厕、移动房车旅游咨询站。投资 500 万元启动红南路景观提升改造工程，打造从 108 国道红煤厂口至水峪村沿线靓化、美化景观带。

民俗旅游 随着改革开放的发展，人们体验异地生活的需求逐渐增多，特别是城里人，对农村传统生活体验的需求在不断增加。水峪村紧紧抓住机遇，大力推进民俗旅游发展。2004 年，水峪村被确定为“北京市民俗旅游村”；2005 年，水峪村开始申报“北京最美的乡村”。全村以此为契机，在全面整治村域环境的同时，开始对古村遗存的 100 多套院落、600 多间古宅逐一进行梳理及保护性修复；通过挖掘“古道、古宅、古碾、古中幡”的文化内涵，结合西山生态观光园的休闲元素，整合打包进行旅游宣传；引导扶持民俗接待户 10 多家，并规范经营、突出特色、提升服务水平；在保护古村机理及山地生态的前提下，合理利用村域资源开发旅游项目。

2006 年，全村按照“以游带农、以游养农、以游富农”的发展理念，促进旅游业健

2004 年修复的长岭坨又称赏月丘，成为村民闲聊场所

康可持续发展，水峪村口立起“北京民俗旅游村”标志性门楼；村中心戏台恢复了水峪古中幡表演，增加了女子中幡项目；水峪中幡 2007 年被列入北京市首批“市级非物质文化遗产名录”。

2010 年 9 月，“南窖金秋采摘节”期间，水峪村迎来首批 110 多人的团队游客。旅游团在水峪逗留期间，白天游览参观古村、古道、古宅、古碾及女子中幡表演，在西山生态观光园参与“采摘中华寿桃——九九桃王”活动，晚上在村委会广场看露天电影，陶醉其中，乐不思蜀。

至 2018 年，水峪村已经发展成为大西山民俗旅游的一面旗帜。

◉ 旅游交通

省际交通 108 国道，沿云南昆明上行，经四川、陕西、山西、河北省到野三坡，到红煤场，到水峪村。沿 108 国道从北京天宁寺下行，到门头沟，到房山区河北镇，到红煤场，到水峪村。

京港澳高速，沿澳门上行，经广东、湖北、河南、河北省到北京市房山区，可从阎村出口上阎河路到河北镇上 108 国道，到红煤场，到水峪村；也可从良乡机场出口上良三路，到三福村上良坨路，到河北镇上 108 国道，到红煤场、到水峪村。沿京港澳北京六里桥下行，从良乡机场出口上良三路，到三福村上良坨路，到河北镇 108 国道，到红煤场、到水峪村。

京昆高速，沿云南昆明上行，经四川、陕西、山西、河北省到北京市房山区大宛村出口，走良坨路，到坨里，到河北镇上 108 国道到红煤场，到水峪村。从北京市中心和各区县上六环路，由房山区大宛村出口走良坨路，到坨里，到河北镇上 108 国道到红煤场，到水峪村。

城乡交通

区政府所在地良乡城到水峪村 京周路昊天假日酒店，上良三路，到上万村，到三福村上良坨路，到河北镇 108 国道，到红煤场，到水峪村。

京周路上良坨大街，走良坨路，到坨里，到河北镇上 108 国道到红煤场，到水峪村。

京周路长虹西路，上大件路，在小董村桥上阎河路，到坨里，到河北镇上 108 国道到红煤场，到水峪村。

京周路阎村路口，上阎河路，到坨里，到河北镇上 108 国道到红煤场，到水峪村。

城关街道到水峪村 京周路马各庄路口，上顾八路，到羊头岗，到南观村，上万窑路，上阎河路，到磁家务，到坨里，到河北镇上 108 国道到红煤场，到水峪村。

房山万宁桥，到燕东路，到丁家洼路口，上燕房东北环线，到东岭，上万窑路，到磁家务，到坨里，到河北镇上 108 国道到红煤场，到水峪村。

◉ 旅游线路

村际游览

游览水峪村，可与游览大房山乃至大西山融在一起，可自由体验在大房山中的多条旅游路线。

水泉陂穿越路线 西部穿越路线：水峪民俗村—水峪工农兵水库—水峪南沟—大草岭村—化木轮坡—水泉—前阳—铁瓦寺。东部穿越路线：黄山店四马沟村—涞沥水村—前阳—铁瓦寺—水泉—化木轮坡—大草岭村—水峪南沟—水峪工农兵水库—水峪民俗村。

猫耳山旅游路线 西部游览路线：水峪民俗村—南窖村—北安村—东安村—十八盘—北窖高山草甸—皋沟—金皇陵—龙门口村—车厂村。东部游览路线：车厂村—十字寺—一线天—北窖高山草甸—十八盘—东安村—北安村—南窖村—水峪民俗村。

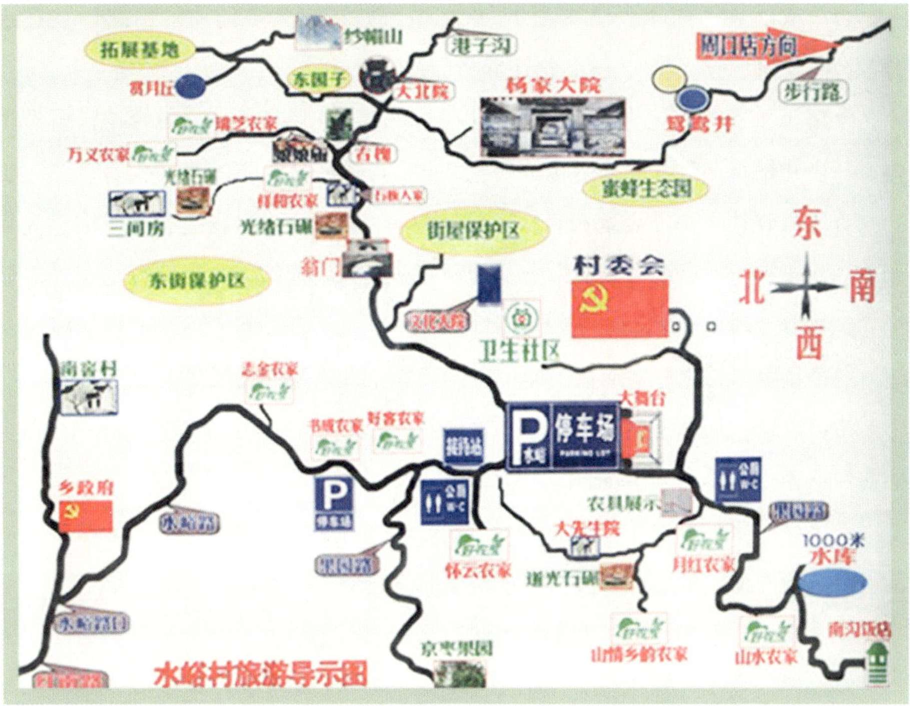

水峪村旅游导示图

村域游览

水峪村旅游公司自 2004 年始，结合民俗文化与生态旅游资源，通过打造较为独立而又相对完整的乡村休闲游、生态游、民俗风情游等精品线路，水峪古村落旅游路线主要有两条：

村东游览路线　水峪东村街屋—瓮桥—古岩画遗址—娘娘庙—千年古槐—杨家大院—后岭观景台—阳台子小院—后头地八卦梯田—拓展训练基地—纱帽山—豹井沟—四道湖—老爷庙—南岭古道遗址—南坡岭水峪风水布局观景台。

村西游览路线　水峪工农兵水库景区—西村古民居—道光十八年古石碾—先生院—水峪西部古道—水峪京枣 39 观光采摘园—王位山原始次生林。

登山步道

水峪村注重把古村旅游与体育健身紧密融合，把古村旅游、山野观光与休闲健身融为一体，修建了多条登山步道，供游人观赏休闲。

水峪村东南临南窖村，西临霞云岭乡大草岭村，南接三合村，北靠大西沟村。村域登山步道均与古道相连通。

豹井安步道（南岭古道东段） 从水峪东村杨家大院门前的岔路口往右走，经过“鸳鸯井”一直进小西岭。这条路还保持原生态样貌。

纱帽山步道 杨家大院门前岔路口向左走，往上走会经过长岭坨，再沿山脊往上爬，一会儿是石砌台阶，一会儿是水泥路面，最后到达纱帽山。

西边庵步道（南岭古道西段） 从西瓮桥出去的岔路口右边有一个清道光年间的石碾，从这里出发，穿过村子上山去，其间有一段石砌的护坡非常壮观。

松树岭步道 从水峪村村委会对面的乡村路拾阶而上，绕过水峪村村庄，来到山边，一条小路呈“之”字形盘山而上，山顶有一片幽静的松树林。

西山步道 从水峪旅游咨询站前面的小桥出发，向西北方向的一条水泥路。路上还能看到京枣39、久保桃的果园。

小黑江—水峪口路（李家湾沟路） 从水峪口出发，沿着南窖河堤往南，从李家湾沟进山，到山顶再绕到水峪村，与水峪水库路交会。这条路也是水泥路。

工农兵水库步道 从村委会往南通往水库的水泥路。

◉ 旅游接待

环境治理 水峪村注重旅游环境综合治理，围绕水峪村旅游资源分布特点，打造优美的旅游环境，千方百计保证游客的人身安全、饮食安全。

水峪村执行房山区政府《管理办法》要求，对核心保护区内的户外广告、招牌等设施进行严格管理，凡新建广告、招牌不得破坏建筑空间环境和景观，确需设置的，必须向规划行政主管部门提出申请，由规划行政主管部门依据保护规划进行审查，并提出相应要求。现有的户外广告、招牌等设施，凡不符合保护规划要求的，坚决予以拆除。

水峪村地处深山区，防火安全任务至关重要。水峪村对核心保护区范围内的消防设施、通道，严格按照有关的技术规范予以完善、疏通。不断加强对全村相关人员的消防培训和演练，要求全村护林防火人员要尽职尽责，严格执行工作纪律，不断提高村民的消防意识和消防能力。

水峪村坚持做好全村的卫生环境治理，要求各家各户要注意环境卫生，环境卫生工作人员严格履行岗位职责，切实履行好责任区域内的环境卫生责任。

接待水平 从联产承包责任田里低头种庄稼，到铺上桌布招待来访客人，对于大多数水峪人来说，都是一次脱胎换骨的转变。

提升村民的整体文化素养，成为水峪村推进村民转岗就业的首要问题。水峪村旅游公司自 2004 年始，结合民俗文化与生态旅游资源，打造较为独立而又相对完整的乡村休闲游、生态游、民俗风情游等旅游项目，集约整合农家院资源，在保持农家院接待户定位特色的基础上，不断加强从业人员的素质培训，定期对旅游接待人员进行专业礼仪及厨艺培训，不断提升经营档次和管理水平，提高村民服务内涵和接待质量。

在房山区旅游委和南窖乡旅游办的支持下，水峪村不断规范农家院个体民俗接待户的经营活动，在全村连续开展民俗旅游户星级评定工作（评出星级民俗户 6 户，其中三星级 2 户、二星级 4 户）；对旅游从业人员进行厨艺、礼仪等方面的培训，提高全村的旅游接待水平。

2014 年国庆节期间，水峪村借旅游旺季，广泛开展“文物保护法律法规专题”宣传活动。活动中，共计发放印有文物保护常识、法律法规预防等内容的宣传资料 200 多份；共接待游客 3000 多人次。

截至 2016 年，全村已有民俗旅游接待户 10 家，有 6 户被区旅游委评为星级民俗户。全村民俗户日接待 600 多人次，年民俗旅游收入 80 万元。

农家院 农家院既是典型的传统四合院，又是乡村风情的接待户。水峪村坚持民俗旅游特色，切实做到名副其实。

在农家院的建设中，水峪古村的农家院以自我投入为主，突出农家特色。由村委会负责提供必要的服务和管理。每个农家院住宿有单独的客房、厨房、餐厅、洗浴间及卫生间，餐饮以农家山村特色菜为主，如腌酸菜、糙菜、腌茴蒿、腌苏子叶、腌苦菜、炒核桃仁、拌柳芽、仁筋儿菜、木榄芽、糙巧儿舌头、糙蔓菁菜、花椒叶、炸香椿芽、拌老虎菜、野菜包子、野菜饺子、窝头、象鼻子、轧饸饹。

民俗接待户在加工粗粮（2017 年）

风土民情

大房山古道，促进了多民族文化交流、多地域文化交流。三里不同风，十里不同俗的历史文化烙印，深深印刻在水峪村的生活习俗中。在长期的历史发展中，各民族、各时代的风俗文化在不同程度上影响着水峪村的风土民情。历史积淀的水峪村风土民情，不但打上了山西移民风俗的烙印，也积淀了水峪村自己的特色风土民情。

◉ 移民习俗

生产技能　水峪村的生产技能，有许多带有山西洪桐大槐树的色彩。

水峪村杨家大院的家藏中，还有用“覆烧技法”烧制的瓷碗和瓷碟。据文物专家鉴定，这是古山西定州窑口烧制的瓷器。杨家后人相信，这些瓷碗和瓷碟，是山西先祖传下来的。理由是，其中有半个瓷碗底部刻有繁体“杨”字。杨家人传说，先祖离开老家山西时，与兄弟特将瓷碗一分为二，分别留作纪念。杨家后人期望靠这半个瓷碗，能找到山西的宗族亲人。

水峪的村史展览馆，陈列有一种劳动工具，俗称“爪镰”，主要用于割谷穗或是在不便使用镰刀的地方收割高粱。爪镰是 2 寸多（约 7 厘米）长、1 寸多（约 4 厘米）宽的长方形铁片，其一条长边开刃，另一条长边卷着一条粗麻绳结成的绳套，将大拇指之外的四指穿过绳套，五指并抓便可以使用。王家曾有人去山西寻根问祖，行至太行山区时发现，当地人仍在使用“爪镰”这种传统农具。山西长治（古上党地区）盛产谷子或黍子，其籽实精细，不宜用大镰刀收割，而是用“爪镰”逐棵掐下其穗，舂去糠皮便是“小米”或“黍米”；当地人还习惯用“爪镰”旋剥核桃皮。水峪村民在山西长治地区还发现，当地特产的核桃、农家吃的小米饭锅巴、小米干饭熬豆腐、小米面冲茶，还有用黍米（俗称黄米或软米）面蒸的黏豆包，跟水峪农家的传统吃食很相似。

饮食习惯　水峪村民习惯吃杂粮面食。典型面食“三和面饸饹”，是将白面、豆面、白薯面三样掺和，用手工机架压成饸饹，煮熟捞出，浇上卤汁，吃起来喷香可口。家常汤食“疙瘩汤”，取少许面粉铺入碗内，边往面粉中“滴凉水”边用筷子搅成颗粒状，不干不糊的湿面颗粒基本成型后，便用筷子将其疏散地拨进沸水锅中，然后向锅中加鸡蛋液、蔬菜叶及调味料，待熬成“疙瘩汤”后滴香油、放香菜即可出锅食用。老辈人吃带馅面食时喜欢蘸自家酿的“谷糠醋”。这种饮食习惯山西晋东南一带也有保留。

山西人“嗜好面食、兼喜汤饭”的习俗由来已久。明代大规模移民以前，山西各地物阜民丰，粮食作物品种即多达数十种。如此品种繁多的食料，一经农妇慧心巧手，做出的面食花样百出。山西传统农家一日三餐，皆以面食为主，或稠或稀，或干或汤，粗细搭配，粗粮细作，细粮精制。特别是午餐，山西大多数地区的农家吃面条、面片，或剔或揪，或擀或压，或拨或擦，造型各有特色。面条有长有短，有宽有窄，有粗有细。

揪片有厚有薄，有大有小，有软有硬。各种面食加上各色浇头、葱姜蒜醋等，与水峪村民好吃的“三和面饸饹”有异曲同工之妙。

山西晋中地区的传统吃食“灌肠”，与水峪村民做的小吃“罐蒸”（又叫“蒸条子”）虽名称有别，但其用料、制作工艺和品质相似。将荞麦面打成糊状，放在陶瓷罐里蒸出来，用刀切成条，拌上蒜醋辣椒，既可以当饭吃，也可当下酒菜。

与水峪村老人对“喝”的说法如出一辙，山西太行山区的百姓邻里相见，开口先问“喝了没有”，意思是“吃汤饭了没有”。由于该地区常年干旱多风，农民日出而作，日落而息，很少有饮水啜茗的工夫，全靠吃饭时连汤带水一并补充体力；而且当地人吃饭缺少蔬菜，全凭盐、醋相佐，生理上需要补充水分，便形成了喜食汤饭的习俗。尤其是盛产谷子的地方，农家不仅以米熬粥，还有以粥煮面的习惯，俗称“米汤面”或“捞饭”。将“捞饭”中炝入油，或放葱花，或加香椿嫩芽食用。山西南部地区的百姓虽喜食馒头或干面条，但捞过干面条后习惯从锅里再盛点面汤喝，所谓“喝原锅汤、化原锅食”。在水峪村，同样有“原汤化原食”一说。

山西古代多为农耕地区，农民秉承“一日两餐”的习俗；北部少数地区由于气候时节有别，农民遵循“夏秋日食三餐，冬春日食两餐”的食制。东南部一些地方，民间则有“一日吃四五顿饭”的习惯。大部分地区农忙季节，农民在地头休息时进食，俗称“打尖”。夏秋季节，农村人有聚集在街头巷尾边吃饭边聊家长里短的习惯。天寒地冻时，农家老小习惯盘腿上炕就餐，抱团取暖，其乐融融。传统礼规大户，就餐却有讲究，无论春夏秋冬，常年日食三餐，吃饭不得出户，合家围坐厅堂餐桌，长幼尊卑有序，男女有别；长辈居中坐，佣仆两旁侍，子女分别位，媳妇边上蹲；佣仆以先酒后菜、先荤后素、先咸后甜、先饭后汤的次序摆放妥当，媳妇负责为家中男丁及客人添饭加菜；就餐时，全家老少要遵守“食不语、嘴不响”的古训，不容许碗底留剩饭、餐桌上落米粒菜渣；筷子横在碗上，表示已吃饱，筷子放在桌上或握在手中，表示还需加饭。如今，水峪村民对以上礼俗有传承也有扬弃。

在水峪村传统的“三八席”中，依然有晋商“庄饭”及山西南部“流水席”的影子。在水峪村，各家过红白喜事习惯办“流水席”，即“八凉、八热、八大碗”共二十四道菜，吃一道上一道，如行云流水。首先，这种分门别类的“流水上法”，很有山西南部地区传统“流水席”的风格；其次，菜品搭配有荤有素、有冷有热、有咸有甜、有汤有水，更有山西食俗遗风。晋商传统“庄饭”的“八冷八热”，除了民间取材，并有川广名菜、东北人参、津沪海味，甚至山珍菜肴无所不备；加之山西特色面食及明朝时期就兴起的“流水上法”，不啻改善“流水席”的味道。水峪一带民间“流水席”饮食风俗的形成，与明清时期山西商人来往于此地的商贸活动有关。

特色方言 水峪村民方言虽不乏京腔京韵，但习惯用语却带有明代山西移民留下的特有词汇，如“解手”“方便”“大小便”“随便”等。

山西古河东（运城）地区有“解州”地名，辞书中的“解”，注音为“xiè”（谢音）；释义为“解（xiè），水名、地名用字，如山西河东的‘解池’，即湖名”。但在山西运城，自古人们习惯把“解州、解池”的“解”读为“hài”。恰巧，水峪村高龄老人也有将“解”字读为“hài”的习惯。

水峪村民有人习惯将第三人称代指，发音为“niá、niá们”，即“人家”的意思。《山西运城方言志》中记录，发“niá”音，语意即“人家”。据考证，“niá”之发音，在唐五代后的汉语中就已出现，属“人家”一词的合音。另水峪村民有人称“舅母、舅妈”为“妗子、妗妗”；有人称“上午”为“前晌”，称“中午”为“晌午”，称“下午”为“晚晌”。这些称谓与山西方言均有相似之处。

山西方言有三个最普遍的特点，一是保留着古“入”声字读音，如“哭、毒、吃”等字，读起来短促；二是保留着古“圪”头词，如“圪嘟、圪针、圪台台（台阶）”等词；三是习惯用指示代词，如“这、那、这里、兀里、外里”等。

水峪村部分方言与山西各地土语比较：

好吃儿（味道好吃的食品）——山西地方土话为“好吃头”。

当（dáng）院（指农家院内屋外的空间）——晋南土话发“dāng”音而非“dáng”音。

头路（lù）（方位词，指两个被说明物的相互位置一前一后，前者对于后者而言就称作“头路”）——与晋南方言如出一辙。

茅房（厕所）——山西不少地方一直沿用此称谓。

前儿个、夜儿个、今儿个、明儿个、后儿个（前天、昨天、今天、明天、后天）——晋南土话除将“夜”字发为“ya”音外，其余无异。

冷不丁的（没有预兆的、出人意料的、猝不及防的）、仨瓜俩枣的（数量少、价值低、不济事）、一眨巴眼儿（形容历时极短，瞬间）——极似山西传统话。

蛐蛐（蟋蟀）、蚂蚱（蝗虫）、屎壳郎（蜣螂）、腻虫（蚜虫）、花大姐（瓢虫）

——此组昆虫的俗称与山西一些地方土语高度雷同。

倭瓜（南瓜）、秦椒（辣椒）、蒜毫（蒜薹）、喇叭花（牵牛花）、指甲草（凤仙花）——此组植物俗名在山西方言里都有对应。

头（tòu）年（去年）、见天儿（每天）、立马儿（马上）、麻利（lī）儿的（利利索索的）、这（zhèi）阵子、那（nèi）阵子、前一阵子、前后脚儿（形容两件事出现的时间接近或相继发生）、早前儿（事件发生之前）、八辈子（形容时间很长）——此组代指时间的方言与山西各地土话相比，除带儿话音的词或个别字发音声调有差别外，其余皆同。

贫（耍嘴皮）、逗（①形容小孩活泼伶俐；②幽默、滑稽；③含取笑、耍弄；④勾引、引诱）、嫩（贬指不老到）、黑（①阴险狠毒；②贪图钱财；③缺失道德良心）、酸（酸文假醋）、大（虚伪装酷、自高自大）、晾（慢待不理睬）、艮（形容食物不脆不酥）、铁（指人与人之间的关系密切牢靠）、揎（用鞭子或树条等细条状物抽打）、投（用清水漂洗过滤）、抱（称领养过继的子女叫“抱”来的）——此组口语均为山西老话。

在水峪村民方言中，贬损某人穿衣打扮过于艳丽扎眼，或形容其做派虚浮，讲话缺乏实际内容，表里不一，惯用“花里胡哨儿”一词；褒扬某人主动干活不偷懒，称“勤勤”；批评某人自由散漫、做事不认真，常用“吊儿郎当”来形容；说某人好挑毛病难对付，便形容其是个“刺儿头”；见某人认死理、不听劝，便用“死羊眼、死心眼儿”来讥讽他；说某人做事不专业、技术不过硬，便称其“二把刀子”；谁做事马虎、粗糙、不到位，就说谁像个“二五眼”；谁以怨报德、翻脸不认人，就贬谁“白眼狼”；谁遇到事故推卸责任，常被形容为“一推（退）六二五”。这些方言在山西不同地区土话中均能找到出处。

◉ 生活习俗

岁时节令　旧时，水峪村民祖祖辈辈以种田为生，平常省吃俭用，披星戴月。但是在过年这个环节上还是有声有色的，杀猪宰羊，磨豆腐、蒸年糕、推黄面，屋里院落更是收拾得干干净净，老老少少都换上新衣服，一派喜气洋洋的气象。等到除夕那天，鲜红的对联贴起来。那时，百姓信仰离地三尺皆有“神灵”。他们把山川河流、动物草木、日月星辰都视为“神灵”，过年过节时对其顶礼膜拜。粮食丰收，是大伙的支持、神灵的恩德，村民不敢怠慢，虔诚敬供。

除夕，家家户户都要将“祖宗单子”挂上明堂，将吃食供品摆上堂桌。初一凌晨放过鞭炮，全家老小面对“祖宗单子”烧香磕头，算是请祖宗们回来，与孝子贤孙们一起炒黄豆过大年。尤其是除了敬自家祖宗，还要供奉祭拜关帝爷的神像——祈愿保佑客居他乡的后人们。

家家鸣放鞭炮，怀着一颗赤诚的心，迎接已故的一代代先人“回家”过年。大八仙桌上烧着香，摆着馒头、水果、点心，让列祖列宗“享用”。各家各户用青翠柏枝燃起年火，男女老少围在火旁，有说有笑，夜空焰火彤彤，山间白雪皑皑，一晚不睡觉“烤岁”。

正月初一早上，女人们早早把饺子包好，煮熟第一盘饺子，要“孝敬”给列祖列宗和各位长辈，还要给列祖列宗拜年。左昭右穆，男东女西，长辈在前，晚辈在后，庄严肃穆地面朝八仙桌磕头。全家人用热腾腾的饺子供过祖先、拜过关公后，长辈或主妇有的在家炒黄豆，有的带领晚辈穿戴整齐、走街串户向宗族长辈们拜年，长辈接受跪拜后，要给年幼的晚辈分发压岁钱，并回赠祝福寄语。当日讲究扫帚不落地，垃圾不乱倒，废水不外泄，以免破坏全年好财运。

初一白天，水峪村的各个街口人满为患，中幡会、大鼓会、银音会等民间花会穿大街走小巷表演文艺节目，热闹至极。

正月初二，各家开始走亲访友，互致新春问候。这一天也叫“迎婿日”，特别招待出嫁的女儿带女婿。回娘家的女儿要携礼品和红包，赠给娘家的晚辈。亲人团聚，免不了一起“吃年酒”，共祭财神关公。女儿嫁夫随夫，正月不在娘家住，须晚饭前赶回婆家。

正月初三“扫帚日”，各家要将正月初一、初二积攒的垃圾集中清理掉，讲究拿扫帚从外往里打扫房间，寓意“聚财”。传说初三也是女娲造羊的日子，俗称“羊日”，为求吉祥，当日民间不得宰羊。

正月初五俗称“破五”，即“驱赶智、学、文、命、交等五穷”。百姓黎明即起床，从院里往院外放鞭炮，边放边往门外走，寓意将不吉利轰出去。当日还习惯捏饺子吃，俗称“捏小人嘴”。

正月初七俗称“人日”，即所有人的生日。据《占书》载，由初始，上天依次创造万物，“一鸡二狗、三羊四猪、五牛六马、七人八谷”，故民间初七求神问卦之风由来已久。

正月十四晚上，南窖、北安、东安、西安、上下连村的人纷纷聚集等待着，水峪村的东大街搭起了高大的神棚，里面供奉着九佛头，法鼓金铙，香烟缭绕。东西街两处放烟火，会首跑上跑下，一丝不苟地安排部署。

天空星光灿烂，田野间白雪皑皑，“咚”的一声巨响，仪式正式开始。鞭炮齐鸣，火树银花，声音震耳，天上地下流光溢彩，观者两眼应接不暇，欢呼一片。水峪村的老百姓在节日的五彩烟火中，向日月星辰祈求风调雨顺，生活更加美好！他们从自己的院子走到大街上，燃起一朵朵亮晶晶的灯花，祈求避瘟延寿。

正月十五“元宵节”古称“上元节”，水峪村民习俗强调一个“闹”字，除“吃元宵”“挂红灯笼”“猜灯谜”等国人耳熟能详的节目外，“散灯花”“评戏”“银音会”“大鼓会”“中幡会”等特色看点，均与山西各地风俗与民间艺术有一定渊源。

正月十五天刚擦黑，水峪村民在挂红灯笼、吃元宵之前，村街先出现一支乐队，吹吹打打、走街串乡，百姓呼朋唤友簇拥而行。人们点燃浸泡了香油的灯芯，灯花四溅，纷纷散向村街两旁，以净街、驱邪、祈平安。乐队人流一路逶迤，灯花缤纷一路散去，若遇临街商铺前摆放茶桌，散灯花队伍便停下脚步，针对商铺吹奏祈福，容掌柜许了愿再走。

“闹元宵”“散灯花”活动一般由“银音会”组织，水峪村历史上的“银音会”，置有管子、笙、云锣、横笛、铙、手鼓、大鼓、钹等十余种乐器，与山西南部地区的道教乐器相仿。村民做灯花，一般用彩色皱纹纸，将其捻叠成灯芯状，也有用普通白纸来叠捻，用植物油浸泡后即可以点燃。在山西古河东地区的民俗中，即有所谓“小初一大十五”之说，足见其对“元宵节”的重视。据当地民间传说，这一天是门神的生日，人人要敬神，黄昏时分，屋里屋外，门前门后，各神位前都要燃蘸了食用油的棉灯芯，俗称“散灯花”。

正月十五“闹元宵”，在水峪村与山西民间，皆有“闹红火”之说。这一天，水峪村的评戏和走花会（三会）节目纷纷登台亮相。评戏是清末由京冀平原传来的地方戏种，经水峪民间艺人改进，糅进了山西梆子的味道。俗话说“正月十五看花灯，正月十六游百病。”在水峪村与山西民间同样保留着这一传统习俗，正月十六的晚上，水峪村妇女有成群结队出游的习俗，俗称“走百病”“散百病”或“烤百病”，寓意将家里的病邪驱散掉。只是其俗称与山西等地“游百病”的叫法有别。

正月里讨百家米做年糕给上学的孩子吃，期盼步步高升是水峪的老风俗，已经流传了几百年，现如今依然原汁原味地保留着。谁家的孩子上了大学，讨米给孩子做年糕成了主人家的大事。

婚嫁特色 旧时谈婚论嫁，村民尊崇“媒妁之约，父母之命”。

首先是订婚，主动权在男方，绝不会有今天的花前月下、两情相悦，好坏全凭媒人一张嘴，而媒人大都是无利不起早。男女婚姻的头一步，就是“和帖子”。即把女孩的生辰八字写在一张小红纸上，由媒人交到男方父母手里，压在男方“天地爷”前的香炉下，接受核查。男方捏点小米，放入香炉内，三日后拿出来数，要是双数就是大吉，二人能白头到老，婚事就成了。反之，单数婚事不可成。男方答应了亲事，要给女方发“通书”，送聘礼，富户是金镯首饰，锦帛绸缎，穷人家也要送几块布，此谓定亲，只待良辰吉日花轿来娶。水峪村王炳山媳妇是最后一个坐轿的新娘。解放前村里有两个轿子房，是王天常家和王海龙家，后又增加王德林和王然家。

旧时新郎迎娶新娘，要骑高头大马，新娘坐着花轿，鼓乐喧天，鞭炮齐鸣，很是热闹。可新娘心里的滋味并非那么甜蜜，不安多于快乐。花轿落地，新娘往往受到故意冷落，婆婆要“圈圈杀杀”新儿媳妇的性子，使其以后俯首帖耳听使唤。

及至新娘被解除禁闭，鼓乐箫笙，张灯结彩，天地爷前不断拜这拜那，终被搀入洞房，坐在椅子上喘口气。那心里更是七上八下，男怕找错了行，女怕嫁错了郎。女人看中的是男性的人品，不知对方是粗暴天性、奸懒溜滑，还是老实勤劳、知书达礼。新郎则是看重女人的相貌。当新郎用秤杆挑下新娘的盖头，首先关注新娘是否楚楚动人。新郎和新娘要喝交杯酒，叫合卺，卺是葫芦瓢，用瓢喝交杯酒。新娘肚子早就饿了，别人大鱼大肉，给她端上来的是子孙饺子长寿面，吃的还是生的，有人还要问生不生，新娘说：“生！”这下婆婆总算乐了，又把酒席端上，又有全家人相陪。新娘羞答答在男人家吃第一顿饭。从今往后就嫁鸡随鸡，嫁狗随狗，嫁个棒槌抱着走。

婚后，全家老小的针线活全是新媳妇的事，在昏暗的烛光和灯光下常常做到三更。这样的婚姻也不能一概而论都是不幸的，在共同劳动生活中，感情也是从无到有，由浅入深，先婚姻后恋爱，生儿育女，白头到老。

水峪村的婚姻关系随着生产力的发展而形成，最初只是几个姓氏之间，最后扩展到邻村。水峪及南窖一带几乎都沾亲带故，有的还是亲上加亲。

中华人民共和国成立后，水峪村贯彻落实婚姻法，积极推进婚姻自由。20 世纪 60 ~ 70 年代，河北众多女青年与水峪村的小伙子结为秦晋之好，他们所生的子女大多聪明漂亮，健康活泼，提高了本地的人口素质。

20 世纪 60 年代，政府号召青年人移风易俗，勤俭办婚事。传统的婚嫁习俗，在

“文化大革命”时期，曾经作为旧风俗受到批判。改革开放以后，随着人们生活水平的提高，传统的婚庆风俗，得到部分恢复，同时融进了具有时代特色的一些婚俗形式。

传统丧葬 旧时村民以种田为生，食于土，归于土，例行土葬。地种到什么地方，几乎就到哪里立坟，入土为安。水峪的几大家族在此扎根后都辟有祖坟地。

人过世后，要先给死者搭好木板床，把尸体平稳地平放在铺金盖银的床板上，盖黑色或白色遮面。亲人哭丧送行。然后穿白戴孝。男的腰系麻绳，头戴孝帽。女的头戴用白纸叠的纸箍子。亡者亲属腰系麻绳先到“娘家人”或“舅舅家”报丧，再向有关亲友发讣告。娘家、舅家人到了，事主全家人要悲悲切切，小心低诉亡人的情况，什么病，怎么治的，如何伺候的，娘家舅家人如果听了无可挑剔，略作安慰，看亡人装扮整齐，才可盖棺。若有不满，就可能闹得天翻地覆，使事主焦头烂额，这叫闹丧或者吵丧。丧事大小由事主的社会地位和经济实力而定。家境比较殷实的人家在丧葬这方面比较讲究。白马素车，青幔灵棚，香烟供果，请来佛道僧尼，还要添设香堂，一时洪鼓金铙，经声响起，哀乐低沉，超度亡灵。亲戚晚辈，孝子贤孙，男男女女都要披麻戴孝，每日三次呜呜咽咽。

人死后要报庙，由一男性拿着火把，另一男子端着铜盘、黄纸招引亡灵到五道庙，所谓注销阳世户口，转入阴籍。孝子贤孙们都要蓬头垢面，呜咽唏嘘。由于水峪村人多沾亲带故，一家有丧别家都要去烧纸，有的拿钱，有的拿物，至少拿包点心，以表慰问。第二日黄昏，一声锣响后，法器齐鸣，哀乐声声，应佛僧开方破狱，传灯照亡，参阎君，拘都鬼，延请地藏王，开金桥，引幢幡；道士们伏章申表，八拜九叩请玉帝。当晚，死者的子女到村外给亡灵烧送白马玉轿，寓意“阴世道路遥远，怎可步行西去”。夜半要烧纸洗礼，也就是遗体告别，哭声一片。

第三日便是出殡，一声锣响钟鼓齐鸣，灵躯被八个壮汉抬起，孝子一脚踢碎丧锅子，顶丧驾灵，次子抱罐，三子抱牌位。族里的男人们都低着头，或哭或嚎；女人们则头披白纱，捂着嘴，哭声震天。队伍浩浩荡荡，纸钱漫天飞舞。送殡的声势愈大，死者就愈发体面。到了墓地，下葬时也是有讲究的。墓坑要用精盘和铜钱摆成北斗七星，对准远处的山峰，墓地选好，子孙才能昌盛富贵。娘家人或舅家人要先埋第一把土，才能入土为安，众人随即动手。这说明了娘家人和舅家人是亡者的监护人。

死人入土第三天夜里，孝子要开墓门，绕坟三圈，嘴里念念有词，所谓三天圆坟。之后一七、二七、三七、六十日、一百日、三周年都要到坟上祭奠，以表哀悼。每年清明节也要去扫墓祭奠。历史上，水峪村人有的为了父母的丧事还请来戏班唱戏，甚至为此卖掉土地。

水峪的丧葬文化由来已久，“文化大革命”时期曾经作为旧风俗被批判制止。改革开放以后，水峪村同其他山区村庄一样，依然实行土葬。在推进传统文化的进程中，传统的丧葬习惯得到不同程度的恢复。

◉ 方言俗语

语音特点 水峪村民方言俗语发音不乏北京味儿，但也有其特点。最典型的就是儿话音。比如，小勺儿、小梳子儿、小猪儿、小孩子儿等。再比如，“这”不读“zhè”，读“zhèi”；“我们”读作“wǎn 们”；“在”读作“zǎi”；“国”读作“guǒ”；“福”读作“fǔ”；“上学”读作“上 xiáo”；“那个”读作“nǎ 个”；“蝴蝶”读作“fú tiě”；“嫩”读作“èn”；“大发”，重音在“大”，“发”字弱读（例：这笔买卖可赔大发了）；“大爷”的“爷”读作“yè”时，是指爸爸的哥哥；读作“yé”时，是指爷爷的哥哥；而朋友之间称大“yé”，一般有贬义玩笑之嫌。

常用词汇

大昨儿个——前天。

老阳儿——太阳。

高楼儿——上边。

月亮牌儿——日历。

晌火（huo 轻声）——中午。

后半晌儿——下午。

前半晌儿——上午。

早清儿——早晨。

那（nà）当儿——那时候。

那（na）咂——脏。

恼心人——恶心人。

后脊经——后背。

可啵儿——可不是。

揍儿——德行。

搁拉半儿——膝盖。

下巴磕儿——下巴。

脑瓜子——脑袋。

水捎——水桶。

把（bà）儿舀子——水瓢。

鲜（xiàn）会儿——鲜艳。

嘎古——指某人脾气古怪、行为特殊。

能个儿——指有能耐。

劈（pǐ）柴——柴火。

季鸟儿——知了。

蚂螂——蜻蜓。

蚂鳖——水蛭。

蝎咧虎子——壁虎。

薄——比喻口味淡。

涉——指口味涩。

蛤蜊（gǎ la）——贝壳。

地了排子——鼹鼠。

奔得儿木——啄木鸟。

铁意儿的——故意。

记几个（gě）——自己。

钢镚儿，钢镚磙儿——硬币，一般指分币。

门儿清——十分熟悉。

没咒儿念——丝毫没办法。

耳贴子——打耳光。

局器——仗义，大方，豪爽，信守诚意。

扒眼儿——旁观。

大拿——能做主管事的人。

扫听——留心留意，四处探听。

抻掇——嗔怨。

老家雀儿——上岁数人的谑称。

碎催——指伺候人、为人奔走的人，带有贬义。

放份儿——犯狂的意思。

鸡贼——小气，吝啬，暗藏私心，小精灵。

糟践——埋没，糟蹋。

错来——其实。

二意思思——犹豫不决，三心二意。

踅摸——找寻之意。

白不呲咧——不当回事。

肉了吧唧、面了吧唧——指不成器之人。

燕么虎儿——蝙蝠。

蚧椟——蟾蜍。

仙蚝——仙鹤。

得应儿——故意的。

彻（ché）记——想着，惦记。

搓火儿——某事做得不顺心，感到窝火。

过腻——两人串通或多人串通。

起腻——骚扰，捣乱，无事生非。

醢（hāi）——拍，砸。

茬架——预约打架，一般指打群架。

菜货——软弱，新手，生手。

前奔儿头，后勺子——形容脑袋的特征，贬义词。

后山比前山远八十——嘲讽后勺子太大了。

掰不开镊子——忙乎不过来了，弄不利落了。

咋猫——咋呼。

照——看。

犯照——指多看了陌生人两眼。

盘儿亮——指女孩子长相漂亮。

"㞞（sóng）"——太窝囊，不成气候。

"黑枣"——调侃子弹，也可以叫"枪子儿"。

不吝——不论。

棒槌——什么都不懂，手脚笨拙，也可以说是个"生碴儿"。

立铸儿——在店铺或车站码头做粗活、杂活的学徒，引申为新手。

翻车——翻脸，简称翻儿了。

瞎了——倒霉了、完了，没成功。

念秧儿，念秧子——自说自话，但又故意让旁人听。

甩咧子——发脾气，不具体所指，听者明白。

抹不丢的——难为情，面子上不光彩；或说"抹不叽的"。

概儿不吝——一概不管。

勺上——牵连上了。

怯勺——不懂行，闹笑话。

葛——即各色，即脾气古怪。

端了——抄了。

刷夜——有家不回，夜里在外闲荡。

显了——小偷被抓，被发现的行话。

攒儿——小机灵，小把戏；"抖攒儿"即抖机灵；"醒攒儿"即明晰对方的小把戏。

歇菜、瞎菜——完蛋。

哈着——央求。

（金钱）一个——一万元，也称"一方"。

（金钱）一吨——一千元。

（金钱）一棵——一百元。

（金钱）一张儿——十元。今或引申为年龄，如说"三张儿"的人了，即"三十岁"。

姥姥的——感叹词，做惊讶状时用；如单说"姥姥"不加"的"，则是反驳词。

套瓷——套近乎。

一绷子——形容相对长的时间用，如"一绷子"三年没回家。

勍着——同"擎箸"，意思是拿着筷子等待现成的了。

蛐蛐儿——蟋蟀；"唠咪""棺材膀"，分别为蛐蛐儿的种类；"三尾儿"，指母蛐蛐儿。

◉ 山地特产

干果

核桃楸 核桃楸是野生麻核桃的一个品种，个体比较小，主要生长在水峪一带海拔 500 米以上的湿润山谷、阴坡林地，间有小片带状疏林。其果实呈长椭圆形，顶端尖锐。种仁含油率 40% ~ 63%，可生食或榨油。树皮、果皮、树叶可提取单宁。木材不翘不裂、质密坚韧。

核桃 核桃是水峪村主要的干果品种，在水峪村广泛分布。20 世纪 50 ~ 70 年代，国家航空工业发展初期，核桃油是航空润滑油的主要原料，水峪村的核桃主要由国家收购。

栗子 在水峪不仅种植面积广而且历史久远。栗属落叶乔木。叶披针形或长圆形，叶缘有锯齿。坚果紫褐色，被黄褐色茸毛，或近光滑，果肉淡黄。果实含糖、淀粉、蛋白质、脂肪及多种维生素、矿物质。其木材致密坚硬、耐湿。枝、树皮和总苞含单宁。

榛子 榛子有平榛、毛榛、虎榛 3 种。多生长在水峪一带的中山带阴坡沟谷、灌木丛中，常与阔叶林混生。其植株生长迅速，是山区水土保持的良好树种。平榛果仁含脂肪 55% ~ 62%，蛋白质 17% ~ 19%，还含有多种维生素，是营养丰富的美味干果。果实除可食用还可榨油，大多为鸟类、鼠类食物。果壳、总苞、叶片均含单宁。果仁及花入药，有益气、开胃、明目功能。毛榛别名胡榛子，经济用途同平榛。虎榛为中国特有植物，分布海拔可达 800 ~ 2000 米以上。种子含油，树皮含单宁。

花椒 花椒是水峪村广泛种植的特产之一。为落叶小乔木，枝有短刺，小叶对生，椭圆形，叶缘有细裂齿，齿缝有油点。叶背被柔毛，有红褐色斑纹。花序顶生或生于侧枝之顶，花被片黄绿色。果紫红色，散生微凸起的油点。耐旱，喜阳光。花椒的木材为典型的淡黄色，露于空气中颜色稍变深黄，木质部结构致密，均匀，纵切面有绢质光泽。孤植又可作防护刺篱。其果皮可作为调味料，并可提取芳香油，又可入药，种子可食用。

水果

刺梨 多见于水峪一带的山地、沟谷、灌丛中或山坡林边。浆果黄绿色，上具黄褐色长刺，含丰富的维生素，可鲜食。

山荆子 多见于水峪山地杂木林中。果实结得多，近球形，红色或黄色。山荆子是嫁接苹果树的良好砧木。

牛迭肚 别名山楂叶悬钩子，多见于水峪山林下、阴坡灌丛中，或呈小群落分布，资源较丰富。果期 7—9 月，红色聚合果近球形，味酸甜可食，可入药。茎皮是纤维板、造纸原料。

欧李 在水峪一带的低山、中山阳坡灌丛中均有分布。果期 7—8 月，核果近球形，鲜红色，有光泽，果实味酸，可食。

酸枣 水峪地方名为酸枣棵子。分布海拔可达 1500 米，以低山阳坡分布较多，是山区资源丰富的野生果树之一。酸枣喜光、耐旱、耐盐碱，生命力极强，能生长在岩石缝隙中。夏季，枣花为优良的蜜源；小核果，近球形，早青晚红，味酸，皮薄核大，可鲜食或制成酸枣面。果仁中含 17 种氨基酸和人体所必需的多种维生素，有“天然维生素丸”之美誉；入药具有开胃健脾、养肝宁心、镇静安神之功效。还可提取维生素 C 或酿酒。水峪村所产酸枣仁饱满、色艳（紫红色）、质优。核壳可制活性炭，种子含油量 50%，可榨油。酸枣树还是固土、固坡的水土保持树种及嫁接大枣的砧木。

山桃 多在水峪的丘陵、低山、中山阳坡地与其他灌木混生。山桃是嫁接大桃的优良砧木。果肉品质不佳，果仁可入药、榨油。

毛樱桃 主要见于水峪山地阳坡林下、明坡灌丛中。果可鲜食，仁可入药。

山葡萄 在水峪山林边缘可见。果可生食和酿酒，果、根、藤均可入药。

桑葚 桑葚树当地称甜桑。主要分布于水峪的低山地带。叶可养蚕，果可鲜食，根、皮、枝、叶、果均可入药，其木材可用于造纸、纺织及制造农具。

山里红 在水峪一带由山楂嫁接而成，广泛分布于沟沟峁峁、山岭庭院。蔷薇科，属山楂变种。枝密生，有细刺，幼枝有柔毛。

水峪村山地特产柿子（2017 年）

柿子 柿树作为落叶乔木，在水峪村的栽培已有近 600 年历史。其树冠硕大优美，秋季树叶经霜变红，非常美观。其树干为鱼鳞状黑褐色。一般种植柿树要以同一属的黑枣做砧木。柿树果实为浆果，俗称柿子。扁圆形，颜色从浅橘黄色到深橘红色不等。水峪盛产的磨盘柿子、莲花柿子等，成熟后经人工脱涩即可鲜食。柿子脱涩的方法一般有放置一段时间和用温水或石灰水浸泡等方法。柿子整个晒干后可以制成柿饼。柿子不仅口感甜腻、营养丰富，而且还可以酿成柿子酒、柿子醋，加工成柿子脯、柿子粉、柿子霜、柿子茶、冻柿子等，风味独特。柿叶富含维生素 C，可代茶饮用。柿霜、柿叶、柿蒡均可入药。

杏 杏树作为落叶小乔木，在水峪的山谷沟坡随处可见。水峪的杏树枝、芽、树皮各部与其他地区的杏树相似，但小枝多刺状，叶宽椭圆形至宽圆形，先端渐尖或尾尖，基部宽楔形或楔形，较一般栽培的杏树形小而叶长。花多两朵生于一芽，梗短或近于无梗，果近球形，径多在 2.5 厘米左右，果肉熟时橙黄色，肉质薄，多纤维，核扁圆形或扁卵形，边缘平薄；果熟期 6—7 月。

高山大黄梨 在水峪一带栽培历史悠久，明、清时期曾为皇帝专用贡品。特点是个大、味浓、水分重、果形整齐均匀，果肉脆，味浓可口，耐贮存。色泽鲜亮，平均单果重 400 克左右，最大果重 1850 克。含糖量 9.98%，酸量 0.23%，糖酸比值 38.93，属中上等品质。现代医学研究发现，大黄梨含糖类、脂肪、蛋白质、维生素 C 和有机酸等。其性平味甘微涩，有清暑解渴、消食止泻的作用。

京枣 39 为水峪西山 2000 年栽培的新品种。果实大，平均果重 28.3 克，最大果重 45 克；果体整齐，圆柱形，平均纵径 4.7 厘米，横径 3.8 厘米；果皮薄，全熟深红色。果肉绿白色，质地酥脆，汁液多。味酸甜，鲜食性好，风味佳，品质上乘。经农业部蔬菜品质监督检验测试中心 2000 年测定结果，其总糖含量 21.7%，可溶性固形物 25.4%，酸 0.36%，每 100 克的维生素 C 含量约 253 毫克，条件好的地段可达 308 毫克，可食率 98.7%。果核小，平均核重 0.27 克。

京枣 39 通过精细化管理，多年生枝条每枣股着生枣吊 4 ～ 6 条，每吊平均挂果 1.4 个，最多的可挂 8 个而且均能发育成熟。当年生枝发育的结果枝具有良好的结实能力，且能正常成熟。嫁接苗定植当年即可挂果。高枝换头当年可结果。该枣树一般 4 月中旬萌芽，5 月中旬始花，6 月初盛花，开花整齐，果实 9 月中旬成熟采收，果实发育期 100 天左右，年生长期 190 天左右。

李子 又名李实、嘉庆子，是水峪西山夏季的主要水果之一。一般夏季采收上市，果实呈圆形，果皮呈紫红、青绿或者黄绿色，果肉为绿色或暗黄色，近核部为紫红色，口味鲜甜，是一种深受人们喜爱的传统果品。

中华圣桃 又名红雪桃，水峪中华圣桃是从众多的冬桃芽中选育出的优良品种，综合性状优于美国费城桃。特点是单果重量大，果肉脆甜多汁。易于保存，采摘后放在冰箱保鲜室中，一月后仍完好如初。

中华圣桃属于晚熟品种，每年采摘期从 10 月前后一直延续到 11 月 15 日左右，甚至更晚一些都可以采到，平均单果重可达 300 克，最大的有超过 1100 克者。当果实成熟以后，果毛就会自然脱落，肉质细嫩，果肉呈乳白色，接近果核果肉呈放射状红色。

杂粮 水峪村地处深山，气候、水土及饮食习俗所致，适宜种植及食用粗杂粮等农作物，如玉米、黄豆、小米、大豆、绿豆、豇豆、荞麦、红米、黑豆、赤小豆、扁豆等品种；山地实行退耕还林后，经济与生态兼顾，主要发展林果采摘，杂粮农作物种植面积逐渐缩小，农户仅保留房前屋后等小块地播种，自家食用或供民俗旅游特色招待之用。

村民生活

中华人民共和国成立前，村里生产力水平低、村民深受剥削压迫，生活在饥寒交迫和社会动乱之中。中华人民共和国成立后，社会主义革命和建设、特别是改革开放后，生产力水平不断提高，旅游业发展，村民安居乐业，收入不断增加，生活水平、生活质量不断提高。

◉ 收入支出

村民收入 明清时期，水峪村先民落户后，由于生计所需开荒种地，犁到之处即归耕者所有。有地的村民、占有大量生产资料的大户人家依靠经营获得收入，大多数人靠扛长活、打短工、走窑、做小生意得到收入。

1945 年，水峪村解放时共有耕地 2000 多亩。1946 年开始土改时，以人均 2 亩分配土地，原土地占有者多退少补。村民实现了耕者有其田，生产资料得以重新分配，村民的收入支出相应宽松起来。

1954 年成立初级社后，分配与入社的生产资料及劳动贡献双挂钩，社员心气高、干劲大，通过互助协作，村民平均收成明显提高，不少农户收支稍有节余。

1956 年开始并社（高级社），入社后土地及牲口等生产资料全由集体管理，高级社社员分配与入社的土地数量等脱离，一律按劳取酬，平时出工记工分，年底决算分红，凭工分吃饭，村民生活水平普遍提高，人均存款 36 元。

1958 年人民公社时期，生产队集体积累虽有提高，但因分配上的平均主义，挫伤了农民生产积极性，致使农村经济出现徘徊状态，另因限制农民家庭养殖业及副业的发展，致使村民收入减少。1978 年改革开放后，村民因开始从事家庭副业，人均收入增至 120 元，为 1960 年的 1.74 倍。

1983 年，全村实行家庭联产承包责任制后，村民收入大幅度增加。据 1990 年的统计，全村人均年收入 1350 元，是 1980 年的 8.44 倍。除去各项开支的人均存款余额为 174.93 元，是 1980 年的 5.94 倍。1995 年，全村实行第二轮土地承包制后，年人均纯收入 3485 元。

2002 年以后，水峪村落实国家政策退耕还林，国家财政不仅对林地有补贴，经济合作社还通过土地确权，使农民变股东，通过集体经营生态农业，劳动力实现了就业，村民的生活水平得到质的提升。2018 年，全村年人均纯收入达 16793 元。

村民支出 水峪大部分村民是因为躲避平原地区日益加重的苛捐杂税而来此定居，但当他们在此安家落户、开垦土地的时候，同样躲避不了种地纳税的重负。明末县衙设粮房征收钱粮，征收的税种有田赋、银差税和力差税；清代时征收的税种有田赋、人丁税、旗租税、杂税；清末又增征名目繁多的新税种。这一时期，水峪无论是有地或无地的村民，无论是占有大量生产资料的大户人家，还是靠扛长活、打短工、走窑、做小生意度日的小户，都要交各种各样的赋税。由于生产效率低，多数人家交租税后所剩无几；遭遇战乱、兵荒、灾年时，村民更是难以度日。特别是没地的村民，每到青黄不接时，多以山果野菜充饥，或向大户人家借债度日。借债分借钱和借物（借粮食等），多是高利贷。村民借债时须中间人担保，借钱利息有“大加一”（借一元每月交利一角）、“驴打滚”（利滚利）；借物有“加五利”（借一斗还一斗半）、借一斗还一斗三等。

民国初年，政府出台实施《划分国家税地方税草案》，农民不仅要缴纳国家税中的田赋（地税）、契税、捐，还要缴纳地方税中的田赋附加税、牲畜税、粮米税、油捐、肉捐、屠捐（割头税）等。村内田赋（地税）由会里负责征收，村民可交粮食（称交公粮），也可交钱。

1933 年，国民政府废银两改元，统一币制。1935 年村民开始使用法币。其间，纸币发行混乱不堪，各路军阀为掠夺房山矿产资源，随意滥发纸币，相继流通于水峪村。

日伪控制时期，每到交公粮时，由“保长”带人扛着秤杆到各家收取，有时也由“甲长”负责。收下公粮，“保长”按规定比例扣除一部分用于村务开支，其余上交。全村 1/4 的家庭入不敷出。

抗日战争期间，全村年人均收入 2.5 元，消费结构以饮食为主，平均占消费总额的 77.46%。服装鞋帽消费仅占消费总额的 8.56%，年人均消费支出 2.41 元，几无节余。

1954 年成立初级社后，分配与入社的生产资料及劳动贡献双挂钩，不少农户收支稍有节余。

20 世纪 80 年代末，消费结构出现明显变化。吃的方面丰富多样，面粉、白米成为村民的主粮，玉米、小米、红薯则成为调剂生活的佐粮。服装消费增加最多，其次是住、行消费。但消费结构不尽合理，有重物质消费轻文化消费倾向，少数家庭吉庆消费出现攀比和奢靡现象。据 1991 年百户农民家庭抽样调查，百户家庭 100% 参与人情随礼，平均每户家庭送礼支出 154 元，为 1985 年的 2.3 倍。

1995 年，全村实行第二轮土地承包制后，年人均支出 3121 元。其中人均生活消费支出 2337 元，占总支出的 74% 左右。

2016 年，全村年人均支出 6480 元。

◉ 吃穿住行用

饮食 中华人民共和国成立前，水峪村民以玉米、小米、高粱、豆类、白薯等五谷杂粮加工的棒子面窝窝头、贴饼子、棒渣粥、蒸白薯、小米饭、小米粥、面条、饺子、烙饼、玉米面糊糊等为主食。多数人吃不上净米白面，糠菜混杂，辅以野菜、柳芽、杨树叶、榆钱等佐食。日伪时期，供应的主食面粉内掺锯末渣滓、发霉豆饼等，吃完不能消化。养殖鸡、猪、羊等畜禽的农户，用以换钱买菜、买粮。富户平时也只能吃小米饭、豆腐熬白菜，逢年过节或待客时才吃大米、白面和火锅。村民一日三餐，早餐大多喝粥，啃玉米面贴饼子、玉米面窝头等，就咸菜丝下咽，有的农户不吃早饭。秋冬时节白薯为常食，有的农户将白薯干碾成面做成烙饼、面条当主食。

20 世纪 50 ～ 60 年代，社队统一规定口粮标准，水峪大队各户吃食较平均，差别不大。当时农户较以前生活虽有所改善，但食用油少，壮劳力口粮不够吃，小伙子上山干活，一顿能吃 500 克干面煮的面条。1959—1961 年三年经济困难时期，粮食极为匮乏，公社规定劳动力粮食定额，每人每月毛粮 13 千克、学生 9 千克，村民上山挖野菜，觅食葱叶、玉米芯、粉渣、豆饼果腹。侥幸度过灾荒年，1961 年后，为改善社员生活，大队规定每户养猪三头以上的可自食一头，养猪两头自留 1/4，养猪一头留肉 10 千克；每户社员分配几分自留地，自种杂粮菜蔬补充主副食，生活始有好转。一般家庭备有菜缸、酱坛，腌渍大萝卜、咸菜等，是长年食用菜。黄酱多自制，供销社有酱供应后农家渐少制酱。村民冬天以大白菜为主，夏天多以凉拌菜为食，如拌白菜丝、萝卜丝、圆白菜丝、拍黄瓜等，滴入酱油、香油即食用。一般仅以咸菜下饭，能经常吃熟食炒菜是条件较好的家庭。种菜较多的村民 70 年代园田扩大化后，菜农每人每月 5 千克细粮、175 克食用油的定量供应。

20 世纪 80 年代始，实行联产承包责任制以后，村民基本解决温饱问题，三餐能饱。市场开放流通，蔬菜品种日益丰富，村民饮食自由方便，随吃随买，市场主副食丰富齐全。农民开始从吃饱转向吃好，进饭馆不再是为了解馋，而是吃风味、吃特色乃至吃出健康。饮食结构不断改善，主食比例下降，肉、蛋、奶、菜、水果比重上升；自制加工食品减少，购买成品、半成品、速冻食品增多。主餐多为米饭、面食，鸡、鸭、鱼、肉、蛋等荤素炒菜习以为常。办正式宴席、遇红白喜事，蔬果类只作为配菜点缀，东坡肘子、红烧肉、酱肘子、牛肉、驴肉、鸡、鱼、海味是餐桌主肴。随着高脂肪、高热量的过多摄入，“三高”（血压高、血脂高、血糖高）人员渐多，糖尿病、心脑血管疾病上升。近年，健康饮食观念普及，居民开始注意荤素搭配。

碾轧五谷 庄稼人的一日三餐，离不开推碾子磨磨。千百年来，推碾子磨磨始终是农家妇女繁重的体力劳动。

元末明初，水峪村民加工五谷主要是用石臼捣米。石臼的形状很特别，一方大石块上凹进去个坑，一米左右深，直径半尺。捣米时，将谷子放进石坑，然后将一根粗大的石杵插入，人们双手拎着杵把上下捣击。捣击一阵后，须将坑里的谷物掏出，用簸箕将谷皮簸去，再放进石坑里继续舂捣。如此三四遍，石坑里就剩下白花花和黄乎乎的净米了。

明末清初，水峪村开始凿制和应用石磨。石磨有大有小，由磨扇和磨盘两部分组成。磨扇有上扇和下扇两块，呈圆形，由麦饭石凿锻加工而成。安装好石磨，磨面时下盘不动，上扇转动，中有磨眼，所磨粮食从磨眼下落至两扇磨中间磨碎流出。

清乾隆年间，村里仅有杨家和王家大户置办了石磨，几乎就没有空闲过。村里的家庭妇女白天家务活多没有空闲，一般是晚上推磨。特别是小户人家趁夜深人静时去磨一家人的吃食，因为全家人“要等米下锅”。

清道光年间，西街瓮桥内装上了第一盘石碾。相比石磨来说，石碾则既能压碎粮食，又能将谷子糜子黍子去皮，功能更多。到了光绪年间，石碾几乎遍布水峪村街各个角落。

有了石碾，人们的饮食发生了巨大变化，农家小屋飘出五谷芳香。春天，女人们用摊好的煎饼裹上鲜嫩的柳芽；男人们发明榆皮面、玉米面的吃法，压出一碗碗饸饹，拌

清光绪十三年石碾

杨家老人坐在废弃的石碾上（2018 年）

上小葱。秋季，地里的农活一忙完，村民们带着一年丰收的喜悦，陆续进入碾场，趁天气还暖和，准备过冬的米面。

水峪的村民不仅用石碾加工五谷杂粮，有时候也碾轧地瓜干等，在最穷的年月里甚至碾轧过榆树皮、花生皮等。

20 世纪 60 年代，多数村民开始用电磨加工粮食，农村妇女终于从繁重的推碾中解放出来。因为留恋石碾轧出五谷的芳香，仍有村民使用石碾碾压五谷杂粮。

服饰 20 世纪初，村民衣料多为棉布，日伪时期始有机织布，称为“洋布”。衣服样式男为传统对襟大褂、免裆裤，女为大襟衣服。老年人穿左大襟、长衫、大褂、棉袍。长衫有单衣和夹衣两种。富户有皮袄、皮坎肩之类。女装上衣，老幼皆为左大襟，多为宽袖元宝领式，下摆及袖口多有镶边及绣花。当地村民衣着俭朴，衣裳多为自己缝制，或只请裁缝裁制中式棉袄棉裤，棉布从集市、布店购买，颜色以灰、蓝、黑居多，图案花纹简单。四季仅单衣、棉衣之分，全年无内衬外套之别。冬季御寒穿棉袄、棉袍。裤子也分单裤、棉裤，免腰免裆，系腿带，裤筒宽松。衣裤因常年劳动磨损多缀补丁，新三年、旧三年，缝缝补补又三年。幼童、少儿的冬衣多露棉絮，膝盖、肘部似缀白花。

水峪村民戴帽子因年龄性别不同而有差异。20 世纪 50 年代以前，家境好的男性有帽垫、毡帽、皮帽、风帽、“三大扇”[①] 等帽子，大多数人以毡帽为主。女性只有老年戴老婆帽[②]，中青年系围巾，一般不戴帽。民国时期，男子一般戴帽垫，成人帽垫为青疙瘩，少儿一般不戴帽，个别有戴的多为绒线织成的半套头，帽顶有一小撮绒疙瘩。礼帽有布料和绸缎，但多为大户人家戴。解放后，男子不再戴帽垫，改为遮沿帽、鸭舌帽，有布料，也有呢子的。

20 世纪 60 年代以前，村农多穿老山鞋和拉尖鞋，均为手工制作，帮底坚固耐穿，穿骆驼鞍棉鞋称“毛窝”。棉鞋多为“耳靴鞋”[③] 或毡鞋。年轻女子爱穿花鞋，中老年女缠足者穿平底软帮尖口的尖脚鞋，老年妇女有穿套鞋的。有的村民除冬天外，很少穿鞋，脚底磨积厚厚的老茧，碰到蒺藜轻轻一蹭，根本扎不进肉。白天干完活回家洗脚后多穿布鞋，布鞋也往往打补丁和前后掌，有的前露脚趾，后漏脚跟。旧时，村民多穿布

① 三大扇：一种无檐棉帽，圆形平顶，因从帽顶垂下耳苫、帽苫供双耳及后脑保暖而得名。

② 老婆帽：黑色平绒做成的软帽，帽前饰以绿色琉璃“帽珠”，称为“老婆帽”。

③ 耳靴鞋：北方一种靴子的俗称，厚底儿、厚帮，且筒高至膝盖，用棉毡子缝制而成。

袜，俗称“笨袜子”，也有穿线袜，俗称“洋袜子”。中华人民共和国成立后，多穿线袜，讲究的人还褄上底，耐穿。

20 世纪 50 年代前后，村民多穿棉布衣裤，以传统中式服装为多。春秋夹袄内外两层、有里有面，单布褂称“汗褟”。男人对襟单褂，夏季干活为省事省衣常光膀出工不穿上衣，仅披包袱皮戴草帽，热可擦汗。年轻人和乡村干部始穿中山服、学生装，时兴制服西裤，两侧带深兜、后臀部有一系扣小兜。男裤正前开口、女裤在右留隙。妇女多穿中式对襟大袄、单褂，一度时兴列宁服、苏联大花布。女学生偶有裙装。

此阶段，村民盛行穿布胶鞋（又称水鸭鞋）、五眼鞋、球鞋、紧口布鞋等。且以家做布鞋为多，家家糊袼褙，剪鞋样、打麻绳、纳底子，做成方口、圆口布鞋或系带的五眼棉鞋。

20 世纪 60 年代始，村民的帽子增加了遮沿帽，“文化大革命”中兴戴解放帽。但青年人多不戴帽，只有在冬季有戴风雪帽或皮帽的。儿童帽品种繁多，皮的、布的，式样各异。青年女子冬季多围围巾，档次、花样繁多。

20 世纪 60 年代时兴连衣裙，“文化大革命”中裙子基本绝迹，代以草绿色军装，从布军衣到“的确良”军衣都是年轻人引以为傲的服装，视穿奇装异服为资产阶级生活方式。供销社始供羊绒毛线，村民购以编织毛衣毛裤。20 世纪 70 年代，棉猴、小大衣、长棉大衣较为流行，老人皮坎肩、套裤、皮袄开始出现。成人衣裤以黑、蓝为主色调，姑娘衣饰稍许鲜艳，但也只有红、绿、黄几色，款式大同小异。20 世纪 70 年代末，出现涤纶等耐磨化纤衣料，以“的确良”、人造棉衣装为时尚。

20 世纪 60 年代末，村民穿上松紧口鞋、塑料底鞋、解放鞋、球鞋，家做鞋渐少。村民干农活尽量光脚，或穿布鞋，布鞋也打补丁和前后掌，有的前露脚趾，后漏脚跟。20 世纪 70 年代穿解放鞋较多，时兴配上尼龙袜，夏天始兴塑料凉鞋。

进入 20 世纪 80 年代，村内青年男女穿鞋讲究款式、档次、品牌，多穿皮鞋、旅游鞋等，年轻人很少穿布鞋，时兴穿纯棉线袜。中老年人常穿舒适的圆口布鞋、紧口布鞋、皮鞋、保健鞋等。

20 世纪 80 年代后期，村民服装向多样化发展，开始是追求西装、夹克、牛仔服、紧身衣，冬穿呢料大衣、羽绒服、皮装外套，内衣有球衣、毛线衣等，上千元的西服、皮衣也有人购买。裙装开始流行，到 20 世纪 90 年代，穿衣开始追求个性化。20 世纪 90 年代中后期，化纤布开始被冷落，特别是内衣，推崇棉、麻、丝绸质地。外衣男穿高档西装、风衣、皮夹克，女着各式时装。冬穿轻便腈纶棉时装、羽绒服，年轻人以穿品牌时装为荣。春夏秋冬、男女老幼、高中低档、各色样式，商场衣店丰富多彩，随意挑选。乡民穿着从千篇一律转为万紫千红。2000年以后，未婚青年女子多穿短裙、超短裙、一步裙，颜色艳丽多彩；中青年女子多穿长裙、连衣裙、筒裙、裤裙。随着村里旅游业的发展，服装开始由繁向简，宽松裤、牛仔裤、紧身裤，男女裤款式已无明显区别。

住宅 水峪古村宅院多依山而建，就地取材，以石垒墙，以粗到细的各种山木为梁、为檩、为椽，页岩石板瓦下垫秫秸为盖。

中华人民共和国成立前，水峪村多数村民住石板房，石头垒墙，石板盖顶，后留小窗，冬季糊纸，前边留一大窗和门，俗称“封口檐儿房”，少数村民住茅草房。八尺、九尺檩，非常狭窄，人均住房面积3～5平方米。五六口人、三代同处一室的情况很多。大户如杨家大院、王家宅院还要积石土为台，木柱顶梁。砖腿垒砌或砖瓦房，前脸为半装修。门楼讲究以砖雕石刻修饰，以门当石鼓铺排相对。富裕家庭留下了一批三合院和四合院古民居，建筑风格与北京城里的古民居基本相同。

仍在杨家旧宅居住的老翁（2017年）

古村杨家大院为四套连院，王家大户院落多为两套连院，一般人家或小户多为三合、四合独院。宅院正房多北五间或三间，厢房多三间或两间，形制规整；每栋宅屋居中开木门，每间前壁开窗户，打木格窗棂。男女居住分别有室。小户或院内或院外多有猪圈、鸡舍、厕所、粪土；大户院外多置石碾，开别院设牲畜棚、厕所等。

古宅院上房中间的堂屋，大户人家居中后墙壁上设有神龛，神龛上挂祖宗单子；祖宗单子下方坐北朝南摆堂桌、堂椅；两边设客椅、客座。普通人家一般还在堂屋做厨房，有人工搭垒的碗架子，上面是做饭用的调料，诸如酱缸、老醋、酱油、油缸、香油瓶等；下面是锅、碗、瓢、盆、饭勺、笊篱、搁斗床子、擦子等厨具。小户堂屋两侧还盘有锅灶，放有水缸，置有面板等；还有个与东西卧室相连的炉灶，夏季仅用锅灶做饭，冬季开炉灶兼为东西卧室土炕取暖用。大户人家一般不在堂屋做饭，讲究在厢房另设厨房；堂屋东西侧的卧室均盘有土炕，冬季取暖有专门的通炕炉坑，炉坑很大，烧的是山木，有充足的热量可供整个上房取暖，盖上石板也比较卫生。无论大户小户，上房堂屋主要接待客人，吃饭用；东屋通常是老人居住；西屋一般是年轻夫妻或孩子居住。

水峪村 20 世纪 80 年代以后新建住房，通常都是石头根基，地基以上一般都是通砖到顶，柁木檩架，木椽上面铺苇箔，再上面是石板。每户正房三间或五间，客厅里有电视、沙发、茶几等待客用；卧室均采用木床，取暖先用蜂窝煤炉子，后改电暖。各厢房有堆放农具、囤粮空间；有厨房专用空间，厨房里通上了自来水；还有专门的卫生间兼洗浴间。

中华人民共和国成立后至改革开放前，村民翻盖住房，仍然建石板房，石头垒砌，石板盖顶，建设面积逐步增加，人均住房增至 8 ～ 15 平方米。四梁八柱，随山就向，建有厢房。“封口檐儿房”基本淘汰，开始是半装修，花格木窗，多数安玻璃，少数仍是窗棂，糊纸。

改革开放以后，村民住房得到了根本改观，红砖垒砌，有的石板、楼板盖顶，有的钢筋水泥现浇，普遍采用半装修和整装修，塑钢门窗，安装玻璃。内部装修讲究，天花板为木头框架，吊石膏板。地面铺瓷砖，墙壁粉刷环保涂料。人均建筑面积在 30 ～ 40 平方米。子女在外工作的多数家庭，在房山、良乡和燕山等城镇购买商品房。

出行　水峪村地处深山，交通不便。中华人民共和国成立前，村民出行，身负背篓、脚丈羊肠崎岖古道为常态。行商多用木轮人力车或驴、马、骡驮运。贫富人家最明显的差别是坐轿子，大多数人以使用的牲口区分，富足人家骑大骡子大马，一般人家则

村民沿古道出山（2017 年）

以毛驴为主，穷苦人家则以步行为主。

中华人民共和国成立前后那几年，村里有了铁瓦车，由牲口拖运；少数村民以骡、马、驴代步。20 世纪 50 ~ 60 年代，外出公路修通，村集体有了胶皮轮子大车。一个生产队有好几辆车，集体生产运输方便起来。

20 世纪 60 年代末，村里相继有了手扶拖拉机、四轮拖拉机，运输效率提高。拖拉机还曾作为婚车，娶亲、送亲，风光一时。南窖有了去县城的帆布公共汽车。

20 世纪 90 年代后，柴油汽车、汽车逐渐代替了拖拉机，运输出行更为便利。各种类型汽车的翻新使用，在使村民商业运输效益递增的同时，也为其外出旅行提供了方便。

2000 年以后，小轿车逐步走进村民家庭，村里建了公共汽车站，公共汽车定时定点承运旅客，汽车成为村民走出大山、工作、经商及旅行的日常代步工具。

生活用品 中华人民共和国成立前，村民的日常生活用品如石泔、香皂、毛巾、围脖、洋袜、火柴、手套等，几乎都是稀缺洋货，中华人民共和国成立后逐步改用国产货。但村民的生活用具基本是传统手工制作或从集市上购买。如：

水瓢：晒干的葫芦，分成两半，用于盛水。

水缸：陶制。盛放吃水用的工具，一般盛三担水。

供桌：小木桌子，放置在房子正中位置，用于上供时，上边摆放祭品。

炕桌：吃饭用，木制，短腿，摆放在火炕上。

清代的瓷壶（2018 年）

补丁瓷水缸（2018 年）

旧时使用的麻油灯盏（2018 年）

墙柜：木制。摆放在靠北墙处，存放衣物。普通百姓家庭一般都有的家具。

床头柜：扁矮柜，有四条腿，柜盖上部正中，可上锁。

皮箱：木制，一对。婚嫁时，女方娘家人，把钱放到箱子底。意为“压箱底”。

梳头匣子：木制，小巧玲珑，女人梳妆用。一般是女儿出嫁娘家的陪嫁物。

百合：木制，专用的小型用具，一对。结婚时，女方包好饺子装到百合里，带到娘家。

茶壶：瓷器，用于沏水。

大壶：平时提水。娶亲时，男方选派一个小男孩，手提大壶，提回女方家里的水，煮饺子用。

火盆：用泥制作，点燃干柴，取暖用。

风箱：木制，用于柴灶锅，吹风增加氧气，助燃。

蓑衣：蒲草做的雨披。

稻草帘子：用干稻秧编制。当作门帘、铺床、苫房子，遮风挡雨，防寒。

笸箩：柳条制作，装粮食，或用于筛粮食。

罗床：木制圈，纱布做底，筛细面用。

罗床子：木制，是筛面用的轨道架子。

筛子：有大眼、小眼之分，大眼粗糙，个大，用铁网作底，一般用于筛沙子、石子；小眼精细，用于场院筛粮食。

芦苇席：芦苇片泡湿编制。一般用于铺炕用的炕席，也有用于苫粮食，防止雨水浸泡。

芦苇茓子：用湿芦苇片子，编制成四五十厘米宽，若干米长，围成圈，盛粮食用。

粮食囤：荆条编制，圆形。四五十厘米高，上面围上茓子，装粮食。

蒲草席子：蒲草制作，用于夏季，放在当院树荫下，人坐在上面乘凉。

草帽：麦秸编制。用于遮阳、遮雨。

蒲扇：麦秸或蒲葵叶编制，扇风纳凉防暑。

草帽辫：麦秸编制，两三厘米宽，若干米长，可以深加工编制草帽、蒲扇等。

汆壶：铁制。两层铁压在一起，中间空心，用锡焊封闭，盛水，点柴火烧水用。

煤油灯：多年习惯照明用具。远古以来，多是瓷制，后来发展成玻璃制。最原始的传承物，俗称“黑小子”灯。

罩灯：近代比较先进的照明用具，玻璃底座，上面有玻璃灯罩。

瓦盆：泥制，用于洗脸，或和面。

瓦罐：泥制，用于盛水，便于携带。

大铁锅：堂屋灶具，烧柴火加温，做饭。

凉灶锅：夏季，垒砌在院子里的灶具，减少屋子里烧饭的热量。

花瓷盆子：搪瓷制作。洗脸，做面食用。

水舀子：铁制，用于舀水。

笼屉：竹制。用于蒸馒头、包子，或蒸肉等。

铜火锅：铜质。烧木炭，涮肉、点火锅，俗称点锅子。

腌菜坛子：口小肚大，圆形。腌制芥菜、萝卜等咸菜。

蚊帐钩子：铜、铁、铝、竹等制造，两边各一个钩子，用于分开蚊帐门。

鸡毛掸子：公鸡毛制作，用于日常除尘。

不求人：竹制，用于挠痒痒。

鞋拔子：金属制，用于提鞋。

搓衣板：木制，用于洗衣服。

20 世纪 90 年代始，所谓“一拧三转”，即电视机、自行车、缝纫机、电风扇等电器用品遍及水峪村家家户户。随之，有线电视、电脑、互联网宽带逐渐入户。

2000 年以后，村民逐渐用上 2G 手机；2010 年以后，有村民用上 3G 手机。2013 年至 2018 年，村民普遍手持 4G 智能手机上网、购物、互联互通，以至改变了传统的生活方式。

◉ 社会保障

村民养老　村里的养老制度起步比较晚。

1989 年，水峪村在乡社保委的指导下成立社保组，扶持有劳动能力的贫困户发展生产、脱贫致富；对丧失劳动能力的困难户及无依靠的老人每人每月发生活补助费 5 元；将符合条件的老人送乡敬老院，每人每年供给不低于 400 元。

2012—2018 年，水峪村规范残疾人职康站建设，提高配套设施水平，实施养老服务工程，建设村托老所，提供 22 张床位，使全村 68 位老人享受到全天候照料服务。

优抚家属　水峪村从解放开始对部队家属、烈士家属给予优抚。不同时期，优抚的内容有所不同。

1968 年 5 月，水峪大队在拥军爱民活动中，为烈属王有、陈宽、隗有昶、隗有荣、隗有茂家分别补助款项 48 元、96 元、36 元、48 元、36 元。同时为 6 户烈属及 1 户残废军人各赠毛主席像章一枚。同年冬季，水峪大队烈属和残废军人户共从乡民政科领到优抚款 130 元，救济款 150 元；棉衣 6 件，绒衣 1 件，棉被 1 条；布 35.5 米，棉花 3.5 千克。

1969 年冬季，水峪大队烈属、残废军人及困难群众领到的社会救灾物资有棉布 284.7 尺（约 95 米）、棉衣 20 件、绒衣 2 件、单衣 40 件、棉被 4 条、棉褥 1 条、棉毯 3 挂、棉花 40 千克、白土布 6 米；当年申领优抚资金 256 元、救济资金 968.3 元。

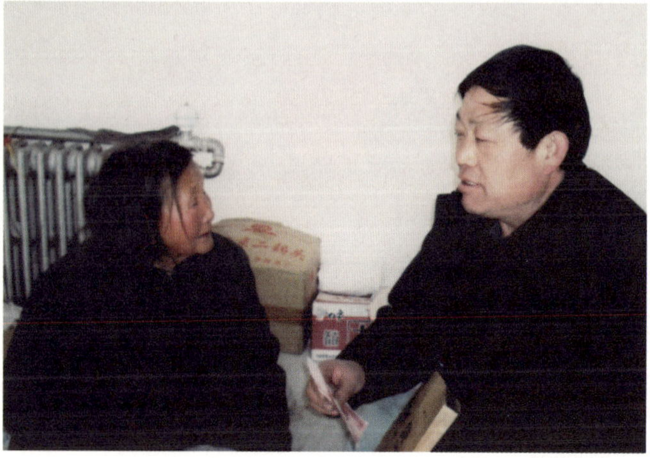

2012 年五一劳动节，村支部书记慰问老人

2012 年 7 月，村党支部组织委员看望中华人民共和国成立前入党老党员

1970 年冬季，水峪大队 29 户烈属和残废军人家庭共领到国家救济款 300 元、优抚款 250 元、棉布 113.3 米、棉花 14.5 千克。当年全村 4 户烈属，每户每月享受补助 3 元。

1992—2018 年，水峪村军属优待费由村民均摊，军属平均每户年享受优待费 632 元。

困难帮扶 水峪村从中华人民共和国成立起，就一直坚持困难帮扶的做法，对于遭受不幸的家庭给予适当的救济。

互助组合作社成立以后，生产队和大队对于五保户，由集体供养，对于困难户，给予不同形式的救济和帮助。

1983 年 9 月，水峪村妇代会成立三八服务小组，对军烈属、残废军人、五保户、困难户实行一对一帮扶。自此，对军烈残困户发放的救济资金，来源于国家拨款、乡村统筹与集体财力三部分。当年水峪村有 76 人得到救济，其中 22 户（26 人）困难家庭领救济棉布 48 米、棉花 50 千克。73 岁的陈书香老人因丧失劳动能力、76 岁的杨遵老人体弱多病，各领到被子一条；54 岁的王素兰与丈夫因家中生活困难申领到棉被两条；王瑞华姐弟三人由于父母双亡、经济困难，得到两条被子救济。

1992—2018 年，全村人均收入低于 350 元的 5 户困难户 12 人每年得到村集体救助。

昔日抗日据点崔港小院，如今已成红色文化宣传的“山情人家”（2018 年）

艺文杂记

古老的北京西山、大房山古道文化、移民文化，在水峪村传统的农耕生活、社会交往中，孕育了水峪村的民间文化。代代相传的民间传说，讲述着水峪故事，也闪耀着朴素的民俗光辉。重修娘娘庙碑记，是村中盛事的记录，更是传统文化的传承。水峪民间文化在时代进程中吸收现代文化的新元素，涌现出不少清新俊逸的诗词新作。

◉ 诗歌选载

老宅题诗 古村中心的长岭坨，有一户隗家老宅，主人虽然迁出村落十多载，但每年清明回村祭祖。在其宅门上，有后人回村扫墓时，用粉笔留下满幅字句。字迹已斑驳难辨，在此尽量刊其原文。

其中，门联是“翻身不忘共产党，富余莫忘邓小平”。

左门扇题诗《颂故乡》

清明时节雨纷纷，路上行人欲断魂。
借问旅游何处去，老者遥指水峪村。
京郊南窖水峪村，民俗旅游真诱人。
古庙民宅有特色，建筑格局不寻常。
百余石碾布满村，点缀山村美如画。
成熟时节有采摘，品尝保您有口福。
女子中幡超历史，胜过当年男子汉。
古槐长在村中央，悠久村史它见证。
井水好似矿泉水，空气清新无污染。
菜肴色香味俱全，吃在嘴里甜在心。
问君观感怎么样，流连忘返才是真。

游客诗选

咏古槐

肖松

水峪古槐曲径栽，
常思尊祖山西来。
枝繁叶茂春光美，
炳史沧桑昭后才。

叹纱帽

肖松

水峪纱帽山连峰，
胜似太白巡地宫。
八卦村局乾位拱，
阴阳风水兆民兴。
蜂扑芳蕊缘追梦，
蝶舞春花总眷情。
晋有桃源陶令去，
归来水峪续诗中。

临江仙·房山水峪村

吴世民

舒卷白云随处在，
清凉院落幽深。
门楣影壁挂千寻。
东来紫气故乡亲。
老槐镌岁月，
俯首护子孙。
满目青山都是梦，
民俗文化长存。
斜阳一片映古今。
水峪村下遍行吟。
中幡传好韵，
奋起展乾坤。

水峪组诗（节选）

乡韵

付向东

拂晓炊烟起，
枯藤老蒿地。
榆柳矗隆冬，
早盼春旖旎。

妙境

付向东

青山依稀次第远，
小村隐隐翠郁间。
极目远眺云霭处，
心驰神往欲天边。
峰峦峻秀绿草畔，
秋榆紫荆枝叶繁。
问君妙境是何处，
不二水峪有洞天。

◉ 碑记选录

重修水峪娘娘庙碑记

水峪在大房西麓，成村于明，迄今逾五百年。三山拱卫，二水中流，形胜甲于河套，诚人居福地也。村中娘娘庙，肇自康熙年间，初在南坡，后迁现址。正殿三间，原供塑像一尊，传为九莲菩萨，东西配殿各有二间。水峪村风和年顺，人杰辈出，王氏之文华葳蕤，杨氏之勇武敢为，陈氏之勤业精进，隗氏之重教明伦，刘孟郑邢姜张诸姓之克勤克俭、通情达理，虽归地灵，亦得神佑耶？

逮乎近世，世道更变，风俗移易，庙宇渐废。曾为村公所、为小学校、为大队部、为医疗站，终至荒落。屋宇倾颓，丹青漫涣，人神相忘矣。欣逢改革开放，华夏复兴，国祚隆昌，水峪古民居、古石碾、古中幡、古道、古梯田，共襄北京最美的乡村暨中国历史文化名村，娘娘庙亦得以重修。区文委拨款百万余，村委会筹资数十万，建屋造像，越年始成。殿依旧制，碧霞新奉。庙宇重起，仙像再塑，山门又立，金钟复鸣，惟郁郁古槐不能还生，深以为憾矣！

公元二零一四年十月二十八日，岁次甲午，闰九月初五，银杏乍黄，丹柿飘香，水峪娘娘庙落成重光。白云道长莅临开光，村民信士敬香捐资，想见人心思古，去之不远矣。道，乃我中华本教，源远流长。儒道释，三教同源。圣仙佛，皆以度人为念。然，与其他度，孰若自新。老子云，自知者明，自胜者强。故，进奉者须知，人必自强，然后天助，行必向善，然后神应矣。

古庙更生，福佑吾乡。嘉德善举，勒碑以记之。

甲午季秋，水峪村立。

拟文　陈玉明

◉ 民间传说

神奇纱帽山　水峪村东边有一道山梁人称“长岭子”，顶端有一座形似纱帽的山峰，俗称“纱帽山”。传说这纱帽山的形成和黑龙潭的七子黑七龙有关。

传说在几十万年以前，水峪一带尚是一片洪荒，并没有山川河流。黑七龙长大后，受老黑龙的委派，要在人间造一个世外桃源。就这样，黑七龙用了七千八百年时间，在水峪周围逐渐开凿出许多山脉河流。

当黑七龙开凿出一片人间仙境后发现，人类为了争夺这块风水宝地征战不休，不得安宁。于是，决定到人间平定叛乱。

话说到封建王朝时期，黑七龙在水峪一带幻化成一个年轻人住在水峪沟。他每每晨起习武，暮时读书，不但胸藏降妖伏虎之胆略，而且十八般武艺样样精通。后来他挂帅统兵，带领大军，金戈铁马，南北转战八年，平定了边患。凯旋回朝后，皇上大加封赏，授以王爷之爵，并赐给他大房山西麓的山林万顷和骡马牛羊不计其数。

连日来，他沿南岭古道在大房山地区巡视，体察民情，但他到处看到的是面黄肌瘦、衣衫褴褛的百姓，古道上川流不息逃难的人群，听到的是穷人怨声载道的叹息。他从心里发出了一声无可奈何的长叹：“来到人间，金戈铁马，征战多年，实指望国泰民安，谁想今日竟是如此！”说罢，他愤怒地摘下头上的乌纱帽，向远方甩了出去。自己也筋疲力尽，不由得摔倒在一块黄土地上，再也没有起来。

不久，在王爷倒下的黄土地上，一条山岭拔地而起，即形成“长岭子”；他扔掉的乌纱帽变成了一座高高的山峰，人们称为“纱帽山”。后来人们知道这位王爷即是黑七龙的民间化身，为了敬奉这位神明，在纱帽山下盖了龙王庙，常思祭拜，祈求七龙显灵，保佑水峪一带风调雨顺。

水峪民谚有“拜了纱帽山，发财又升迁”之说，引得方圆百姓趋之若鹜。只是传说而已，至于灵验与否暂且不好妄论。但还有一个故事倒是可以诠释为“拜过纱帽山，文章更洗练”之说。据说唐幽州范阳（今房山一带）人贾岛，初落拓为僧，后念及人间疾苦，立志以仕途文章济世，还俗后屡举进士不第。云游纱帽山祭拜后，其诗作颇得韩愈赏识，文宗时官至普州司仓参军，当时其诗与孟郊齐名，人称“郊寒岛瘦”，意思是他喜欢写荒古枯寂之境，颇多寒苦之辞。流传至今的佳句“秋风吹渭水，落叶满长安”“长江人钓月，狂野火烧风”等，情景幽独气象雄厚，在纠正当时浮靡艳绮之风以及锤字炼句方面，对后世影响深远。

“七龙”显灵　在水峪东村的上庵儿，有两眼古老的水井，被称为东井（“鸳鸯井”）。在东井上方的龙神庙，与纱帽山遥遥相望，传说供奉着黑龙潭老黑龙的小儿子“七龙”，水峪村的中幡就是“七龙”的招牌。“七龙”每次出行，必有中幡在前头开道。

求雨祈福是水峪村历史上非常隆重的祭祀活动，旧时老百姓遇上自然灾害，只能祈求神灵的保佑。水峪村在南窖地区的六山会中大名鼎鼎，历史上每次隆重的求雨活动，水峪龙王庙供奉的小七龙都是祈福大军的先行官。

临行前，三会会首杨天林要手持会旗在水峪河沟口迎接北安村的钗会、南窖的炮会、狮子会，到水峪龙王庙前集合，然后一同前往。前面是高昂的幡影舞动，铜铃悦耳；紧随其后是四个精壮小伙子供着七龙神龛。小伙子们头裹红布留英，身着白色对襟小褂儿，下穿黑色勾裆紧筒裤，足蹬千层底撒鞋，精神抖擞、气宇轩昂。再配上声震空灵的大鼓会、乐曲悠扬的银音会，队伍浩浩荡荡、蔚为壮观。

传说有一年，与水峪一带起伏相连的百花山地区大旱多日，整个河套沟土地干涸、禾苗焦黄。附近的河北、大安山、史家营、霞云岭等地乡村纷纷求雨，可是老天爷就是不开眼，滴雨未下。旱情不断加剧，眼看就要绝收。这可急坏了各地的富豪乡绅，他们带上丰厚的礼品，齐聚南窖水峪，首先拜供了南六山会的各位龙神，然后逐一拜会六山会的各位会首，恳求南窖及水峪的各位会首出会代他们求雨。南窖水峪一带的六山会爽快地答应了各地代表的请求，并商定了求雨的日期。

求雨日期到了，南六山会的各位龙神倾巢出动，浩浩荡荡地向黑龙关进发。这时各地的富豪、乡绅、百姓，老早就在去黑龙关庙场的路上焚香迎驾，待龙神一到他们纳头便拜。然而，求雨的队伍长龙般拥堵在黑龙关庙的山门外，不得进入。

原来，当年在大房山地区为老黑龙家族开天辟地时，小儿子七龙功劳最大，故在黑龙关庙场求雨有一条规矩：水峪的七龙要第一个进山门，只有它进庙了，其他龙神才能鱼贯而入。可是这天不知什么原因，黑龙关龙神庙的山门外，迟迟不见水峪中幡和“七龙”的影子。眼看求雨的时辰就要到了，这可急坏了从十里八乡赶来求雨的山民们，大家集聚在大石河谷和龙神庙两旁的山道上，翘首向远处张望。

突然有人惊呼：“来啦！”远远望去，佛子庄村外的山道上尘土飞扬、幡影舞动，鼓声渐近。只见水峪七龙长队绕过佛子庄后，踩着庄前白石湾、青龙潭的水皮儿，腾云驾雾般向黑龙潭边的黑龙庙飞来。正当人们看得目瞪口呆、惊魂未定时，霎时庙内钟声响起、山门洞开，七龙第一个挤进山门，焚香伺候，祈雨仪式开始了。此刻经声四起，法器轰鸣，香烟缭绕，祈求龙神，速降甘霖，救民于水火。大山各会，各显其能，以悦龙神，水峪的大鼓惊天动地，令人心潮澎湃；水峪的中幡左旋右转，头顶脚提，臀拱肩扛，众人欢呼叫好；水峪的银音会更是独领风骚。王二先生的管子洪亮悠扬，不但用嘴吹，鼻子也能吹，场下更是掌声如雷。还有隗有昶的银镠，不但正面打，反面也打，直叫对手专业打银镠的和尚自惭形秽。

求雨结束，人们还没有回到家，百花山地区就下起了倾盆大雨。真是一场好雨呀，只见苍山返翠，禾苗碧绿，立时解除了多日的旱情。从此，南六山会和求雨“显圣”的七龙，在河套沟声名鹊起，妇孺皆知。

传说水峪七龙一行到了佛子庄之后，吃完斋饭再去求雨。有一次佛子庄人小心眼没有管饭，结果山里的雨下得土地都湿透了，而佛子庄滴雨未落，他们上来求情，七龙给他们又下了二次雨。

泄洪奇石 历史上，水峪西村沿南沟的村民曾屡遭洪水的威胁，但为什么又安然无恙呢？原来水峪南沟正中，有一处突起三米多高的山石。传说正是这块山石，保佑着西村数百村民的安全，村里人都叫它“包子石”。

清光绪十八年的夏天，大房山地区连降暴雨四十多天，暴雨引发巨大山洪。

洪水挟带着狂风从水峪南沟咆哮而下，将胳膊粗小树连根拔起，声势骇人，西水峪的村民万分惊恐。正当人们不知所措时，只听洪水发出沉闷的巨响后顿时安静了下来，而后发出哗哗低吟的响声，水流随即安静地顺着南沟而下，到村中后同东沟的洪水汇合，沿水峪沟向西北滚滚而去。

当洪水退去，人们惊奇地发现，在南沟的中段，一块三米多高的包子样巨石立在河沟中央。原来是它让咆哮的水势得到缓冲，使水峪西村百姓安然无恙。

后来，在水峪的村民中流传说，西水峪的村民原本是要被洪水卷走的，是在猫儿山成仙的秃尾巴老张手疾眼快，随手用百姓上供的包子，朝南沟一掷，包子顿时化作一块巨石，将洪水挡住，救了西村数百条生命。

从此，水峪村的村民将南沟的这块包子石奉若神明，称它为庇护石。20 世纪 70 年代，水峪南沟的驻军拓宽公路时，因这一巨石妨碍施工，准备将其炸掉。水峪村民听说后，群情激愤，村干部将这一传说故事讲给驻军听，驻军领导体恤民情，修改了施工方案，将公路改道绕过了包子石，从而使包子石可以保留至 2018 年。

石碾传说 水峪西瓮桥内那盘雕凿于清道光十八年的古石碾，传说来历非同一般。水峪南沟原有一块巨大的青石，青石里有一只巨大的毒蝎，经常袭击来往的行人，人称毒蝎石。沿水峪南沟住着一户王姓人家，丈夫勤劳憨厚，妻子贤惠质朴。王家养了几只羊，开了几亩山坡薄地，夫妻俩虽然早出晚归，辛勤劳作，但日子过得很艰难。王家有三个未成年的孩子，两个姐姐十三四岁，除承担家务还要下地干活，弟弟五六岁，除了放羊还要用臼和杵加工粮食，小小年纪也很辛苦。

有一年春旱，到秋天又刮了几天大风，庄稼收成只是好年景的一半，一年打的粮食只能吃到来年开春，剩下的日子只能靠野菜拌粥度日。来年春天一到，万物复苏，野菜遍地，姐妹俩漫山遍野采集野菜，她们收获的野菜和上几把粥面子，就成了一家人的主食。如此艰难度日的王家人却温暖幸福，父慈子孝，夫唱妇随，姐弟和睦。

又一年春天，还是没下一场透雨，眼看芒种节都过了好几天，未能下种，急得王家老两口团团转。一天夜里，电闪雷鸣，终于下了一场雨，虽说只有三四指的雨量，可把王家人乐坏了。天刚蒙蒙亮，夫妻俩就拽醒姐妹俩，随他们下田抢种；姐妹俩边穿衣服边摇醒沉睡的弟弟，并嘱咐弟弟今天不用放羊，把家里仅剩的一点玉米杵一杵，准备熬粒子粥改善伙食。

王家老两口和两个女儿忙活了一天，直到太阳偏西，才种完了庄稼。当一家四口拖着疲惫的身体回到家，只见门户洞开，王家的儿子和几只羊不知去向。这下可把全家人急坏了，他们满山遍野寻找，经过一天一夜的搜寻，最终在南沟的一块青石上发现了孩子的尸体。只见孩子尸体紫黑紫黑的，肿得像充了气的黑色皮球似的，头也不知哪儿去了，令人惨不忍睹。全家人围着孩子的尸体哭成一团，就这样整整哭了三天三夜，直哭得苍天垂泪，青山悲歌，大地披孝。

王家父亲思念儿子，整天以泪洗面，每天都到那块青石旁呼唤儿子。日子一天天过去，父亲的悲伤并没有减退，他决心劈开青石杀死毒蝎，为儿子报仇。王家男人带领妻子和两个女儿，用简单的凿石工具，不分昼夜每天轮番凿击巨石，一刻不停。就这样，半年时间，巨石被凿开缝隙，但离凿开巨石、杀死毒蝎还相差甚远，巨石仍然巍然屹立在那里。

王家四口凿击巨石的精神感天动地。终于有一天夜里，一阵狂风大作，几道闪电划破长空，照得整个山沟如同白昼，接着一声闷雷炸响，把正在凿石的王家人全震得晕了过去。当王家男人醒来后，发现那块青石已被劈成了两半，并露出一个巨蝎的尸体。王家男人为了泄愤，抡起镐头朝巨蝎的尸体狠狠砸去，不料，奇迹出现了！那只巨蝎竟然变成了王家的儿子，活蹦乱跳地站起来对父亲说："爸，我睡在青石里做了个梦，梦见咱家收了好多好多的玉米，我都杵不过来了，最后是用两块青石把它们碾成玉米楂子，够咱全家人喝一年粥的！"王家父亲见儿子复活了，而且还说了一段梦话，一时不知所措。据说，后来房山腹地的石碾，正是这位王家的后生雕凿的。再后来，清道光、光绪等年代雕凿的石碾遍布水峪村的各个角落，有的石碾至 2018 年村民还在使用。

赏月丘的故事 位于水峪东村的长岭坨。从水峪南坡岭俯瞰整个东村，是个太极八卦的图案，而长岭坨所在位置就是太极图的乾位，长岭坨的土是五色土（黄青红白黑五色），这五色土的传说大有来头，让人惊奇不已，人们都想从中找出蕴含在背后的故事。所谓的五色土是指青、红、白、黑、黄五种颜色的土。五色土象征着广博的中华大地，在社稷坛的东边是青土，代表着东边的大海；西边是白土，代表西部白色的沙；南边是红土，代表南方的红土地；北边是黑土，象征北部的黑土地；而中间的黄土，就是黄土高原的寓意。关于社稷坛五色土的分布，还有另外一种说法，有人认为，黄，象征居中的黄帝，统治天下，由手拿绳子掌管四方的土神辅佐；青，象征东方太皞，由手持圆规掌管春天的木神辅佐；红，象征南方炎帝，由手持秤杆掌管夏天的火神辅佐；白，象征西方少昊，由手持曲尺掌管秋天的金神辅佐；黑，象征北方颛顼，由手持秤锤掌管冬天的水神辅佐。

黄土居中，因为最高统治者黄帝居于核心地位。东西南北依次为青白红黑，也即黄帝的四方又各有一个神辅佐。这种布置方式，以道教阴阳五行学说来表明：坛上五色土，象征全国的土地，即“普天之下莫非王土”。传说水峪本来应该出个皇帝，在长岭坨里驻守着一对金蜘蛛，后来，从南方来了两个法师，用法术把金蜘蛛拘走了，破了这里的王气，断了帝王之根。但这里毕竟有五色土，即使出不了皇帝，也是风水宝地。后来，水峪出了许多秀才、地方官员等贤士，究其缘由，皆与这五色土的灵气有关。所以过去水峪人都围绕在五色土旁居住。这里冬季阳光明媚，温暖如春，人们或立或坐可欣赏白雪皑皑的栗台儿岭；夏季这里凉风习习，清爽宜人，可听东河哗哗的流水声。最妙的是春秋两季，人们可看到奇景“翠顶金珠”，一轮浑圆金黄的月亮亲吻在“站岩”尖儿上。“杜鹃枝上月三更，碧天如水夜云轻”。此时山庄万籁俱静，站在岭尖儿上，一切凡尘幽怨全无踪迹。

娘娘庙（2017 年）

名人与名村

钟灵毓秀的水峪村，在浓厚的水峪精神传承下，哺育出无数心怀家国、身济天下的志士仁人，既有桃李满天下的师者楷模，又有捐躯赴国难的英雄人物。他们有胆有识，敢于担当；他们爱国爱乡，无私奉献；他们才智卓绝，志存高远。他们在抗击侵略的血与火中绘就红色文化的恢宏画卷，在建设家园的汗与拼中谱写社会主义发展的壮丽诗篇。这些青史留名的乡贤俊彦，是水峪人杰出的代表。

◉ 乡贤耆老

王淑民（生卒年不详） 水峪西村王家历代注重文化教育。其第十代王成儒在年少时通过清朝科举制度的“童试”，取得考取功名的“生员”资格。他始终以“忠厚传家久，诗书继世长”以及“学吃亏”为持家信条。膝下四子自幼择学“经史子集”，特别是老大王淑民（号子安），清末秀才，村民尊称其为大先生。

王淑民在“废科举兴学堂”的新政下，于“保定北洋师范学堂”毕业后从事教育事业，曾先后在“北京女子师范大学”“通州潞河中学”任教，担任学监。王淑民治学严谨，满腹学问，深得学生爱戴。

王淑民任教师期间，曾教授冯玉祥的夫人李德全。

王淑民由于桃李众多，且多人为官。为防止师生关系影响，从不代人诉讼。

孟林（1913—1946） 水峪村党组织负责人兼民兵队长孟林，1913 年出生在一个贫苦家庭，从小就跟着父亲挖煤，过着饥寒交迫的生活。当地一解放他就积极报名参加水峪村的民兵队，并很快当上民兵队长。他带领村里民兵打土豪、分田地，干得热火朝天。老百姓分到房子、土地，当上了主人。

孟林曾经居住的宅院（2018 年）

1946 年 10 月的一天，孟林布置完村里的工作后，已经到了中午。他顾不上吃午饭，就带着几个民兵，急匆匆去村外查岗。他们穿过水峪村，沿着崎岖山路爬上豹港安坡岭。这里是水峪村的东大门，地方武装还乡团带领国民党军队经常从这里偷袭水峪村。孟林站在坡岭向东大岭方向看了一会儿，突然发现东大岭上有几个黑点在动，于是他接过一个民兵手里的步枪，朝天空连续放了三枪，向村里的百姓示警。

孟林想更详细地了解敌人的情况，于是留下两个民兵继续警戒，自己带领两个民兵飞速向东大岭跑去。当他们跑过谷底，沿着另一山谷向上爬近 300 米时被敌人发现，顿时机枪、步枪雨点般向他们射来。孟林看到情况严重，周围又没有藏身的地方，于是一边命令另两人撤退，一边掩护。

当另两人脱离危险后，敌人越过山梁离他越来越近。突然，一发子弹打中孟林的腹部，后敌人追进他藏身的小山洞残忍地把他从山洞里拖出来用刺刀刺死。

杨天鹏（1917—1943） 自小天资聪颖，与堂弟杨天纵时称“水峪一对神童”。1933 年，杨天鹏考上房山简易师范。在简师一班学习时，他勤于思考，喜欢进步读物，积极组织社会活动，曾担任学生自治会干部等职。1938 年，经其简师同学、时任房良联合县抗日救国会组织部长赵然的介绍，加入了中国共产党。

1939 年年底，房良联合县五区组建了游击队，杨天鹏任游击队队长。1940 年被房良联合县委任命为房良五区区长，担负起南窖地区的抗日斗争重任。

日军在华北搞强化治安运动，严禁各种物资进入根据地。房良联合县委要求杨天鹏带领游击队为十渡根据地购买转运急需物资。水峪人隗永泽在房山城里开有杂货铺，负责购买物资，王丙祥负责从隗永泽手里接应物资，杨天鹏带游击队护送物资。一次，在攀爬大房山古道通往十渡的山路上，遭遇巡山的日伪军，杨天鹏与王丙祥立即将队伍化整为零，疏散在古商道两旁的沟沟坎坎中，游击队声东击西，调虎离山，“商队货郎”胜利完成任务。

王延龄在延安

1943 年，26 岁的杨天鹏在长操九道河阻击日军时，被汉奸带来的日伪军包围，在战斗中不幸遇难。其胞弟杨天贺也在这次阻击战中英勇牺牲。

王延龄（1918—1947） 王淑民的长子。在北平河北中学读书时接受进步思想，抗日战争爆发后毅然参加了八路军。后被部队派往延安抗大学习，改名王骥。学习期满后，被编入彭德怀指挥的一野部队，任营教导员。1947 年，在保卫延安的战役中牺牲于延安五里坡村。

隗永泽（1919—1945） 1937 年在洪寺师范学校上学的隗永泽，因抗日战争爆发被迫停课回村，到南窖庄敬山开的药铺当学徒。当时庄敬山是共产党特派代表包森秘密接头的地下党员。隗永泽在庄敬山的影响下，积极参加包森在南窖组织的抗日宣传活动。1938 年，隗永泽又结识了南窖一带党组织负责人赵然，是年 12 月经赵然介绍，加入中国共产党及抗日游击队。

1944 年秋天，隗永泽与五位战友深入敌区工作，被特务发现，晚上，伪军头子何茂银带着十多个日伪军及其走狗包围了他们住的院子。隗永泽一行从后窗跳出突围，结果不小心跑进了白薯井内。隗永泽用肩膀把五位同志顶了上去，别人还没有来得及拉他，敌人已经冲了上来，其他同志冲了出去，可他却被敌人围在了白薯井内。敌人想抓他，刚一探头，他便开枪打他们。敌人向井里开枪，他藏在拐弯处，打不到他。敌人喊话叫他投降，他大骂敌人，誓死不当亡国奴。日伪军恼羞成怒，找来了玉米秸和辣椒，点火熏他。隗永泽感觉在劫难逃，就烧掉了随身携带的文件，把最后一颗子弹留给了自己。当敌人从白薯井里把他拖出来的时候，发现一颗子弹穿透了他的下腭，见他还活着，就找来担架往涞水县城抬。走到涞水城外，隗永泽渐渐苏醒过来，他看到四周都是敌人便从担架上滚了下来，咽下了最后一口气。第二天晚上，一位叫陈民生的地下党员，找了一领席，偷偷把战友隗永泽的尸体埋在了小河边。中华人民共和国成立后，隗永泽的名字载入平西革命烈士纪念馆的史册。

杨天纵（1919—1987） 生于水峪东村杨家。因家境中落、时局动荡，高小中途辍学承担家务。他从小聪颖过人、思想进步，1938 年，房涞涿联合县游击支队包森到南窖地区创建抗日根据地，杨天纵即主动报名参加了八路军，1939 年加入中国共产党。为了表达对党一以贯之的忠诚和抗日的决心，在部队上他改名为“杨贯之”。

杨天纵

抗日战争时期，杨天纵历任房山县游击队队长、冀中游击队七路参谋长、冀中十分区司令部科长、八路军教导旅九团党总支书记、旅直政处主任等职。1938 年 6 月，在敌后扫荡形势险恶的环境下，杨天纵机智勇敢地组织抗日活动，因成效显著，他率领的游击队被改编为八路军独立一师纵队，他被任命为参谋长，很快成长为一名优秀的指挥员。

解放战争时期，杨天纵历任八路军教导旅组织科长、团政委、兰州独立师政委，参加过延安保卫战、荔北战役、扶眉战役、兰州战役。他在历次战役中英勇善战、多次负伤。

1949 年杨天纵随军进入新疆后，历任中国人民解放军第六军十七师政委、军政治部主任、二十二兵团二十六师政委、二十二兵团组织部长、新疆军区生产管理部副部长、司令部副参谋长，先后担任新疆维吾尔自治区第四届政治协商委员会常委、自治区工业交通办公室副主任等职，为解放新疆、保卫新疆、建设新疆倾注了毕生的精力。

杨天纵同志待人诚恳、生活简朴、作风正派，无论战争年代还是建设时期，在成绩面前他不骄不躁；因为刚直敢言受到错误的批评、撤职时，他信念坚定，在逆境中表现出一个共产党员实事求是、坚持真理的高贵品质。在建设新疆的军垦事业中，他深入一线、忘我工作、呕心沥血、积劳成疾。1987 年 1 月，68 岁的杨天纵因心脏病医治无效，在乌鲁木齐逝世。

◉ 名人与水峪

包森发动水峪抗战 包森原名赵宝森，1911 年出生于陕西省蒲城县三合镇义龙赵家村的贫苦农家，1932 年加入中国共产党，1938 年农历二月，随晋察冀抗日根据地军区独立第一师挺进平西，担任房涞涿联合县游击支队队长，并到房山五区开辟抗日根据地，受到进步人士和村民的欢迎。

3 月 29 日下午，包森将随行一个连的兵力分别埋伏在水峪村及王安村一带山林里，当天晚上，即召集进步师生、五区自卫团团总、窑商会代表、各村进步“保长”到水峪村娘娘庙（村公所）开秘密会议。正是在此次接洽会上，包森与水峪村的进步青年矿工王广楼及“保长”杨天纵结缘，为当地党组织日后在“灯下黑”的水峪村筹划抗日活动埋下伏笔。

此后，包森发动学校师生在街巷张贴抗日标语，宣传抗日主张；号召窑商会、窑主、煤窑和高线站工人团结在共产党八路军的周围，结成最广泛的抗日统一战线；深入煤窑、高线站组建工会组织，成立煤矿工人的抗日力量“黑猛军”。据“黑猛军”老班长王广楼回忆，他与杨天纵都是经包森介绍入党并参加“黑猛军”的，所谓“黑猛军”，是由煤矿工人组成的游击队，与日本侵略者在山沟沟里周旋打伏击。这支游击队一度扩大到近千人，当时影响很大。日伪军恨之入骨，疯狂反扑，纵火烧毁水峪大半个村庄。尽管如此，当地百姓仍不遗余力地保护、支持包森，并亲切地称他为“老包”。

为巩固根据地、加强武装力量，包森通过多次谈判，先后改编了房山五区和四区自卫团，并将两支队伍合并，扩大成400多人的抗日游击队。以这支游击队与“黑猛军”为两翼，以群众基础为后盾，很快废除了日本人把持的维持会，建立了五区抗日救国会，并在水峪等村组建“民族抗日先锋队”，形成五区抗日力量全覆盖的局面。在包森的领导下，南窖一带的抗日力量还通过水峪古道，与霞云岭一带的地方武装取得联系，互通情报、联合抗日，使抗日政权辐射力逐步延伸到方圆600多平方千米的土地上。

1938年4月底，包森奉命调离房山。1942年2月17日，任冀东军区副司令员兼十三团团长的包森，与日伪军交战时中弹牺牲，时年31岁。

包森在水峪一带仅两个多月，即创建了房山县五区抗日根据地，端掉了日军在南窖及水峪口的据点，巩固和扩大了红色政权。

杜伯华水峪脱险 杜伯华（1904—1941），吉林省榆树县人。祖籍河北，逃荒随父至吉林，行医治病。1933年加入中国共产党。1937年9月，杜伯华所在的西山游击队改编为国民抗日军，杜伯华任医务处处长、军政委员会委员。11月，国民抗日军正式编为晋察冀边区第五支队，杜伯华任二总队政治部主任。

1938年4月，五支队奉命驻军平西，杜伯华负责筹建房良联合县。经赵然介绍，与水峪村杨天鹏、杨天纵等抗日积极分子认识。水峪村成为开展抗日工作的重要堡垒村。杜柏华经常带领有关人士到水峪村开会，研究筹建房良联合县各项工作。5月8日成立房良联合县政府并任县长，亲撰《告全县同胞书》，号召人民有钱出钱、有人出人、有枪出枪，为早日将日本帝国主义驱逐出中国而战。房良联合县政府成立后，一切物资都需要自己筹集，杜柏华把筹集粮食的任务交给了水峪村，水峪村按时完成了筹粮任务。

水峪村人机智勇敢，多次成功掩护杜伯华。1938年5月的一天，房良联合县政府县长杜伯华一行4人，从县政府驻地长操翻山过来，在崔港王瑞山家后院开会。4人进后院屋里后，王瑞山母亲在屋门外纳鞋底，妻子在前院一边做饭一边望风。突然，一个汉奸领几个日伪兵荷枪实弹进了前院，他妻子发现后，忙向后院传暗语将王瑞山叫出来应付敌人。王瑞山与汉奸熟，为争取后屋同志们的撤离时间，忙给汉奸翻译点烟沏茶，有意招待日伪兵留在前院吃饭。狡猾的日伪兵继续在前院各屋翻箱倒柜搜查一遍后，一窝蜂奔向后院王瑞山母亲屋里。王瑞山与妻子紧随日伪兵进屋后发现，母亲一人悠闲地坐在炕前炉坑盖上洗着脚。日伪兵一无所获，悻悻离开。原来，王瑞山的母亲见杜伯华他们来不及跳窗撤离，急忙让他们躲到炉坑里，盖上一块木板，坐在上边洗脚，才躲过了一劫。

1938 年 9 月中旬的一天，杜伯华、赵然等 4 人，在秘密交通员王瑞山的引荐下，到水峪村"村公所"娘娘庙找"保长"杨天纵和"地方"王丙祥，商量为抗日军政征粮的事。几名中幡队员在瓮桥上远远观察着水峪口的动静，却没料到，一队化装成便衣的日伪军沿古道绕长岭坨悄悄摸进了东街。幸好，带队的汉奸被瓮桥上练幡的一名队员发现，中幡队员们急忙收幡，在娘娘庙门口把风的哨位看到东瓮桥上收幡后，迅速用暗语通报庙内的人。杨天纵随即安排庙内杜伯华一行，通过暗道转移到隔壁后头屋院内，然后从后头屋院角豁口撤向后山，成功脱险。

杜伯华身伟体壮，豪放而不失幽默，话语琅润，宣传极富感召力。五区窑商会孔某至县政府交抗捐款。杜伯华见是中日联合票，笑道："花这钱，亡国奴味儿。"孔某随口言："杜县长，那就别要了。"杜伯华说："现在不要不行啊，将来一定不要，要花我们自己的票子。"每捉到敌特汉奸，杜伯华均亲自审问，遇罪大恶极者，则坚决惩处，毫不留情。杜伯华的大智大勇给水峪村老百姓留下深刻的印象。

杜伯华与水峪村人结下了深厚的友谊。

赵然指导水峪抗战 赵然，字学雍，房山县河北乡李各庄村人，1931 年赵然到房山县长育高小上学，1933 年考入房山简易师范，1936 年毕业。赵然与杨天鹏同窗五载，经常在一起谈古论今，悄悄传阅进步书籍，探讨爱国救民的道理，结下深厚友谊。

1937 年 7 月 7 日，卢沟桥事变爆发，房山、良乡两县沦陷。面对侵华日军凶残野蛮的罪行，回村任教的赵然疾首顿足，仇恨满腔，发誓要赶走侵华日军，报仇雪恨。1938 年 3 月，邓华支队派包森，经斋堂、大安山，到房山五区南窖，发动抗日斗争。赵然看到了光明，看到了希望。是月，毅然投笔从戎，到五区参加革命。5 月，赵然经傅伯英介绍，加入中国共产党。赵然到水峪村，与老同学杨天鹏见面，畅谈抗日救国道理，杨天鹏欣然同意，走上抗日道路。赵然发展杨天鹏加入中国共产党。

1938年6—12月，赵然去五台山党校学习，1939年5月，任中共房良联合县委书记，兼县大队政委。1940 年 5 月，根据上级指示，杨流萤任县委书记，赵然改任县委副书记，兼县大队政委。赵然一如既往，和县委同志紧密团结，积极工作。6月，房良联合县在南白岱村召开全县各界代表会，选举房良县参议会。赵然当选为县参议会议长和晋察冀边区参议员，赵然在全县第一个公开了共产党员的身份。从此，日军悬赏捉拿他。“赵然，赵然，共产党员”的顺口溜，也在群众中传开了。1942年12月，贾吉平调走，赵然接任中共房涞涿县委书记，他与县长马志毅一起继续战斗在房涞涿县。1943年是历史上罕见的灾荒年，赵然领导全县人民开展大生产运动，进行生产自救。在抗日战争的艰苦岁月里，赵然日夜奔忙，积劳成疾，在1941年就染上了肺病。但他以“重时理一理，轻时不管它”的态度和惊人的毅力，同疾病进行顽强斗争。他带病坚持工作，带病参加战斗。1944年5月16日6时30分，赵然与世长辞。5月27日，察哈尔省《黎明报》发表了一篇题为《泪水，怎能忍住不外流》的通讯，悼念赵然同志。6月1日，为赵然举行追悼会，会场布置得庄严隆重，到会人数比预定数超过一倍多。

县抗联会为赵然写的挽联：

领导民族健儿，杀敌致果，巍巍丰功传百代，献身革命事业，鞠躬尽瘁，耿耿赤诚照千秋。

县政府为赵然写的挽联：

开辟房良，发展涞涿，英风不愧燕赵，创建民主，巩固政权，功绩可谓卓然。

水峪村革命烈士一览表

表2

姓名	生卒年月	年龄	牺牲地点
抗日战争革命烈士（12人）			
王德友	1912—1939	27	王家台
王福民	1918—1939	21	王家台
杨天贺	1924—1943	19	不详
杨天鹏	1917—1944	27	长操九道河
杨庆祥	1926—1944	18	不详
杨天俊	1914—1944	30	河北涞水
邢二喜	1911—1944	33	班各庄
王有政	1924—1945	21	坨里漫水河
隗永泽	1919—1945	26	房山白草洼
邢天祥	1918—1945	27	水峪村
孟　存	1918—1945	27	河北省沧县
孟宝义	1916—1945	29	房山桥台子

续表 2

姓名	生卒年月	年龄	牺牲地点
解放战争革命烈士			
王丙武	1924—1946	22	水峪村
孟　林	1913—1946	33	水峪村小西岭
杨天木	1924—1947	23	河北省定兴县
王　忠	1918—1947	29	水峪村
王　知	1918—1947	29	房山南车营
王延龄	1918—1947	29	陕西省延安五里坡
陈天常	1919—1947	28	陕西省延安
陈天伟	1925—1948	23	山西省天横县
孟　伶	1927—1948	21	山西省大同市
隗永池	1927—1948	21	房山漫水河
杨守兰	1927—1948	21	房山漫水河
社会主义建设时期烈士（1 人）			
王　宽	1921—1950	29	朝鲜

大事纪略

自明朝建村，到当今盛世，水峪人在六百余年的风雨历程中书写着自己的创业史、耕读史、抗争史、发展史、振兴史。从京郊古村的农耕文化，到抗日战争的枪林弹雨，从古幡传承到奥运首秀，从美丽乡村到民俗旅游，从慈善服务到历史名村……一个个奋斗不息的故事灿若繁星，成为水峪变迁中一座又一座里程碑。

◉ 清道光十八年雕凿石碾

水峪西瓮门内坐落一盘清道光十八年（1838）雕凿的石碾，村民至今仍在使用。村里人世代相传，当年是邻里乡亲合伙出资，从大石窝请来石匠雕凿出这盘石碾。石碾雕凿完成后，安装时，二十多个壮汉用绳索套牢，有人专门支垫滚木，一人站在碾盘上敲锣，众人喊着号子，一群小孩在后面跟着呐喊助威，女人们则在路旁加油助威。之后，村民们又将一盘盘石碾依次安放在大槐树下、房前空地或大槐街两旁。碾盘装好之后，女人们三星未落就推碾磨面，用磨出的面粉蒸馍和烙饼。逢年过节，石碾昼夜轮转。

◉ 1938 年日军焚村

抗日战争爆发后，水峪村较早就有杨天纵、杨天鹏、王广楼、王延龄、王秉增等 20 多人参加八路军游击队，有的在房山一带宣传抗日救国救亡，有的在附近山区与南窖日军周旋对峙，对日伪军形成很大威胁。

1939 年，由于汉奸告密，日伪军对水峪村突然进行扫荡搜查。日军进村前，杨天纵等八路军家属在村老会的帮助下撤离。日军搜查无果，遂荷枪实弹把全村百姓召集到村口大河滩（河口），将男村民带到南窖，妇女儿童圈在一起，然后从水峪西村点火烧房。大火几乎烧遍水峪西村，并引燃东西村连接处的街屋。后日军进入东瓮桥，准备点燃东街底庙牛棚院时遭房屋主人老太太反抗，忽然从山上传来枪声，随之几名日本兵当场毙命。日伪军不得不集合队伍前往搜山，水峪东村因而逃过火焚之劫。此次日军突袭致水峪村损失惨重，数百间房屋被焚烧，财产损失不计其数。

◉ 2004 年被评定为“北京市民俗旅游村”

依托于水峪中幡、庙会花会等民俗文化，水峪村把风土人情、耕读文化、非物质文化遗产等人文元素融入村庄建设，不断提升村域旅游公共服务功能，并加快产业结构调整，实施西山生态观光园工程，发展休闲旅游服务业。2004 年，水峪村被确定为“北京市民俗旅游村”，为全村的旅游事业发展打造了有利条件。

◉ 2008 年水峪古幡舞奥运

2008 年北京奥运会期间，水峪女子中幡队应邀参加开幕式垫场秀表演，她们刚柔并济的艺术魅力、巾帼不让须眉的靓丽风采，感染着在场的每一位观众。

水峪中幡源于明末清初，由冯氏村民从涿州大邵村拜师学回舞中幡的技艺，手把手传给众村民，为庙会（又称堂会）祈雨纳福表演之用。演员借用竖立的木杆顶幡表演，施展技巧，表现臂力、拉力、扛力、顶力和蹬力；动作大起大落，身段抑扬顿挫，步伐严谨准确，极富民族色彩。至清咸丰年间，水峪舞幡蔚然成风，在中幡传人刑德春的带动下，形成以男子为主的中幡表演队伍。20 世纪 90 年代末，水峪中幡队增加女子表演项目，逐渐形成其独特的表演套路。

◉ 2008 年始争创“北京最美的乡村”

水峪村积极创造条件，努力争创“北京最美的乡村”。2008 年，在“寻找北京最美的乡村”评选活动中获提名奖后，水峪村通过实施生态富民工程，持续改善人居环境，有效保护绿水青山，守住“山水田园”的文化底蕴。2012 年 9 月 25 日，荣获 2011—2012 年度“北京最美的乡村”称号。2015 年 10 月，水峪村被中国生态文化协会评为“全国生态文化村”。2016 年 10 月，被农业部评为“中国美丽休闲乡村”。

◉ 2012 年成立“杨万俊慈善义工服务队”

2005 年年底，会计杨万俊因在经济普查工作中表现突出，获得乡政府奖励的一台豆浆机。自 2006 年 1 月 20 日开始，坚持自费每天为村里的独居老人送去自制的豆浆。每年至少也投入 3000 元左右，十余年来，行程超过 1 万千米。先后获得北京市万名孝星、身边雷锋最美北京人、房山区优秀共产党员等称号，还入选了北京榜样周人物榜。2012 年 3 月，中央电视台《欢聚夕阳红》栏目“学雷锋做小事”专题，对其事迹做了报道。

2012 年，在北京慈善义工协会的帮助下，杨万俊牵头组建北京慈善义工协会水峪村分会，取名“杨万俊慈善义工服务队”，成员已经发展到 40 多人，一起为村民做好事，理发、磨剪刀、送拐杖、代买货物、维修家电等，深受大家欢迎。

◉ 2014 年被评为“中国历史文化名村”

2012 年 12 月，水峪村入选首批“中国传统村落名录”，并开始申报“中国历史文化名村”。在保护修缮的基础上，挖掘传承水峪“四古文化”的历史文脉。2014 年，水峪村被评为第六批“中国历史文化名村”。其后，房山区文委投入 200 万元、民间集资近 10 万元，对娘娘庙、瓮桥、杨家大院等重点文物修缮保护，并深度挖掘延伸其文化内涵，通过民俗展览、农耕体验、红色教育、影视拍摄等途径，打造北京市传统村落保护标杆。

水峪初秋（2017 年）

附录

《水峪村历史文化名村保护管理暂行办法》

第一章　总则

第一条　为加强对水峪村历史文化名村的保护与管理，继承中华民族优秀历史文化遗产，根据《中华人民共和国文物保护法》《中华人民共和国城乡规划法》《历史文化名城名镇名村保护条例》和《北京市城乡规划条例》等有关规定，结合本区实际，制定本办法。

第二条　水峪村历史文化名村保护与管理，适用本办法。

第三条　区政府领导水峪村历史文化名村的保护和监督管理工作，将水峪村历史文化名村的保护工作纳入国民经济、社会发展计划和城乡建设规划。区农委、区文委、房山规划分局等有关部门在各自职责范围内负责水峪村历史文化名村保护和监督管理工作。

南窖乡政府负责具体实施水峪村历史文化名村的保护措施，引导村级自治组织依照法律、法规和经批准的规划有序启动各项建设。

第四条　水峪村历史文化名村保护管理坚持保持和延续传统格局和历史风貌的原则，维护历史文化遗产的真实性和完整性，继承和弘扬中华民族优秀传统文化。正确处理经济社会发展和历史文化遗产保护的关系。

划定水峪村历史文化名村保护范围，严格控制建设总量和强度。

第五条　鼓励原住居民、企业、事业单位、社会团体和个人参与水峪村历史文化名村的保护、利用与监督管理工作。

第二章　保护规划的编制、审批和公布备案

第六条　区政府负责组织编制水峪村历史文化名村保护规划。

保护规划送审前应当征求相关部门、专家和公众的意见，影响公众利益的还应当征求利益相关人的意见。

第七条　水峪村历史文化名村保护规划的成果应当包括文本、图纸和附件。其中附件主要由规划说明书、基础资料汇编组成。基础资料汇编中必须包括历史建筑清单与档案数据库、历史街巷清单、历史环境要素清单和承载非物质文化遗产的文化空间清单等内容。

第八条　水峪村历史文化名村保护规划由区政府报市政府审批。经批准后，应当及时向国务院建设、文物主管部门备案。

第九条　保护规划批准后，区政府应及时向社会公布，保护规划成果由南窖乡政府及水峪村委会保管。

第十条　在水峪村历史文化名村范围内，新发现地下遗址等重要文化遗存，确需对保护规划进行调整的，规划编制组织机关应当向规划审批机关提出专题报告，经同意后，方可编制修改方案。修改后的保护规划，应当按照原审批程序报送审批。

第十一条　承担历史文化名村保护规划、工程勘察和设计的编制单位，应当符合相应的资质管理规定。承担历史文化名村工程施工的单位，应具备相应的行业资质。

第三章　保护管理措施

第一节　建筑保护措施

第十二条　区政府和南窖乡政府依据保护规划，有计划、有步骤地对水峪村历史文化名村核心保护范围进行维修和整治，改善基础设施、提高公共服务和居住环境水平，制定控制核心保护区范围内合理居住人口和游客容量的管理措施，疏解交通，消除安全隐患。对保护规划确定保护的濒危建筑物、构筑物和保护设施，应当及时组织抢修和整治。

利用水峪村历史文化名村资源发展绿色、低碳等可持续产业，禁止将文化遗产资源经营权整体出让。

第十三条　区文委是区政府确定的保护主管部门。应当对已经确定的历史建筑清单、历史街巷清单、历史环境要素清单和承载非物质文化遗产的文化空间清单进行审核，提出历史文化遗存清单，向社会公开征求意见后，与保护规划一同上报市政府审批。

历史文化遗存清单经批准后，区政府应当向社会公布，并在水峪村的显著位置长期展示。

第十四条　区文委负责将水峪村历史文化名村内除文物保护单位和已登记的不可移动文物以外的建筑物、构筑物等进行分类管理。

（一）历史建筑，是指历史文化名村内具有一定历史、科学、艺术价值，能够突出反映该村历史风貌和地方特色的建筑物、构筑物。

区文委应当做好历史建筑保护的指导、服务和监督工作。具有一定的建成历史，且满足以下条件之一的，应当确定为历史建筑，进行严格管理：

1. 反映当地历史文化和民俗传统，具有时代特色和地域特色；

2. 具有特殊的革命纪念意义或其他特殊历史意义的建筑；

3. 典型的作坊、商铺、厂房和仓库等；

4. 祠堂、古书院、古庙宇、府第大厝、名人故居以及明清、民国民居等。

历史建筑按下列要求进行严格管理：

（1）历史建筑的所有人、经营管理人和使用人应当合理使用历史建筑，保证历史建筑结构安全、外观整洁，保持其原有风貌。

（2）历史建筑的所有人、经营管理人应当按照历史建筑的保护要求，对历史建筑进行维护和修缮。所有权人、经营管理人对历史建筑进行维护和修缮及其他活动前，应当经房山规划分局、区文委批准后方可执行。其设计、施工方案应报送房山规划分局批准后方可执行。维护和修缮活动完成后，保护主管部门应对其进行测量和记录，并及时补充或更新历史建筑档案。

（3）任何人不得擅自改变历史建筑的使用用途。

（4）历史建筑存在损毁危险的，历史建筑的所有权人、经营管理人和使用人应当立即采取保护措施，并向区文委报告。区文委应当及时组织专业人员进行现场指导。所有权人不具备维护和修缮能力的，区政府应当及时采取措施，进行保护。

（5）毗邻历史建筑进行基础设施和公共设施建设选址的，有关单位应当向区文委提出申请，区文委应及时组织有关专家对其合理性和必要性进行论证。经论证通过后，对其提出历史建筑原址保护的要求与措施。

（6）任何人不得擅自迁移或拆除、异地重建历史建筑。因必要的基础设施建设和保护管理需要，必须迁移或者拆除、异地重建历史建筑的，经专家论证后，由区文委提出方案，经专家评审通过后，报请区政府批准。

迁移、拆除历史建筑的，建设单位应当进行建筑的详细测绘、信息记录和档案保存工作，及时报送区文委。

（7）历史建筑转让、出租的，转让人、出租人应当将有关的保护要求以书面形式告知受让人、承租人，受让人、承租人应当承担相应的保护义务。

（二）传统风貌建筑，是指历史文化名村内具有一定建成历史，能够反映历史文化名村不同历史时期风貌的建筑物、构筑物。传统风貌建筑是构成历史文化名村、名村街巷空间格局和风貌的重要组成部分。

（三）与传统风貌相协调的建筑物，是指历史文化名村内与传统风貌相协调的建筑物、构筑物。

（四）与传统风貌不协调的建筑物，是指历史文化民村内与传统风貌有冲突的建筑物、构筑物，一般以新建建筑物、构筑物为主。

第十五条　保护范围内历史建筑以外其他建筑物、构筑物的改善、整治和更新等活动，应按照以下程序进行：

（一）对核心保护范围内传统风貌建筑、其他与传统风貌相协调的建筑和与传统风貌不协调的建筑进行整治、翻建及更新前，有关单位和个人应将施工方案和相关图纸报送房山规划分局进行审核，经批准后方可进行。

（二）拆除核心保护范围内历史建筑以外的其他建筑物、构筑物及设施的，施工单位应制定具体拆除方案，经区住建委、区文委会同房山规划分局审查批准后方可执行。

（三）在建设控制地带内新建、扩建建筑物、构筑物，以及在原有建筑物、构筑物的基础上进行改建、加建等活动前，有关单位和个人应将拟建部分的高度、体量、色彩、使用性质等信息报送区住建委、区文委审核，经批准后方可执行。

第十六条　在保护范围内的历史街巷，进行任何对现状尺度、建筑面积、铺地形式、绿化形式等构成影响的修建活动，建设单位和个人必须先将建设方案报送房山规划分局，房山规划分局依据保护规划进行审查。有关修建活动在取得批准后，方可进行。

第十七条　水峪村历史文化名村核心保护区内的户外广告、招牌等设施，不得破坏建筑空间环境和景观。确需设置的，有关单位和个人应当先向房山规划分局提出申请，由房山规划分局依据保护规划进行审查，并提出相应要求，方可设置。

现有的户外广告、招牌等设施不符合保护规划保护要求的，应当限期拆除。

第二节　防灾减灾措施

第十八条　区政府应组织有关部门，对水峪村的水文、地质、气象等条件进行分析，开展地质灾害危险性评估，根据灾害易发情况，制定相应的防灾减灾方案。必要时，应制定防灾应急预案。

第十九条　禁止在水峪村周边河道管理范围内建设妨碍行洪的建筑物、构筑物，倾倒垃圾、渣土，从事影响河势稳定、危害河岸提防安全、村庄安全和其他妨碍河道行洪的活动。

第二十条　水峪村核心保护区范围内的消防设施、通道应当按照有关的技术规范予以完善、疏通。因保护历史文化风貌需要无法达到规定消防标准的，应当由房山规划分局与区公安消防部门协商制定相应的消防安全设施，并监督实施。

第三节　建设管理措施

第二十一条　历史文化名村核心保护范围内的各种建筑物、构筑物的维修、改善、整治和更新等活动，必须符合下列原则：

（一）历史建筑的修缮，不得改变外观特征；

（二）传统风貌建筑的修缮，必须保持原有体量和传统风貌；

（三）其他与传统风貌相协调建筑的改善，必须以保持历史文化名村风貌的完整性为前提；

（四）与传统风貌不协调的建筑，应当依据保护规划进行相应的整治；

（五）新建建筑必须符合保护规划的要求。

第二十二条　在历史文化名村保护范围内禁止进行下列活动：

（一）违法开采矿产资源等破坏传统格局和历史风貌的活动；

（二）修建生产、储存爆炸性、易燃性、放射性、毒害性、腐蚀性物品的工厂、仓库等；

（三）损坏或拆毁保护规划确定保护的建筑物、构筑物、历史环境要素和其他设施，以及在历史建筑上刻划、涂污等；

（四）占用保护规划确定的园林绿地、河湖水系、道路等；

（五）修建损害历史风貌的建筑物、构筑物、环境要素和其他设施等（《历史文化名城名镇名村保护条例》第四十一条）。

第二十三条　历史文化名村建设控制地带内的建设活动，应当坚持渐进式的保护与更新模式，控制新建、扩建建筑物、构筑物，维护传统格局，延续历史风貌。

第二十四条　房山规划分局应当依据保护规划要求，对保护范围内各项建设活动进行审查，并依法核发建设工程规划许可证。

对核心保护范围内新建、扩建必要的基础设施和公共服务设施，以及迁移历史建筑等活动进行审查时，应当组织专家进行论证，并采取有效措施征求公众意见。

对建设控制地带内的建设活动进行审查时，应当依据保护规划，对新建建筑物、构筑物的使用性质、高度、体量、色彩、建筑总量、建筑密度、开发强度等作出规定。

规划许可涉及文物保护的，还应当依法征求文物保护主管部门的意见。

第二十五条　对于位于保护范围外与历史文化名村风貌密切相关的历史环境要素，环保、水务等部门应当提出要求，并采取限制措施，保护人工环境要素，控制自然环境要素的改变。

第四节　其他事项保护管理措施

第二十六条　任何单位和个人在进行下列可能影响历史文化名村自然与人文环境的活动前，须将相关活动方案报送区文委，经审批后，依照有关法律、法规的规定办理相关手续：

（一）改变重要山林、河流等环境要素的自然状态的活动；

（二）在保护范围周边、重要景点周边、视线通廊内部进行的建设活动；

（三）对标志性建筑物、构筑物和历史环境要素的装饰、迁移活动；

（四）改变主要道路街巷、广场绿地的形态及其周边环境的建设活动。

第二十七条　区政府在水峪村核心保护范围的主要出入口位置设立历史文化名村保护标志。标志应符合下列要求：

（一）保护标志正面应标明历史文化名村的类别、名称、公布机关、公布日期、树标机关、树标日期等。

（二）保护标志背面可附具历史文化名村的说明。内容包括：历史文化名村的简要介绍、历史沿革、价值特色、保护范围、规模、界限等。其内容应经市政府确定的保护主管部门同市级文化主管部门审定。

（三）保护标志宜采用匾牌形式，应选择适宜的比例和尺度，可根据具体情况选择地方材料。

第二十八条　区政府对历史建筑实行挂牌保护，设置保护标志。

（一）在历史建筑入口处悬挂历史建筑保护标志。标志注明“历史建筑”字样和挂牌机关、挂牌时间等。

（二）严格控制保护标志的尺寸、材料、颜色、样式等，使之与历史风貌相协调。

第二十九条　区政府依据历史文化名村保护规划确定的历史文化遗存清单，建立历史文化遗存档案数据库，建立历史建筑档案。历史建筑档案的内容包括：

（一）建筑的艺术特征、历史特征、年代及稀有程度；

（二）建筑的平面布局、面积指标、高度、色彩等有关技术资料；

（三）建筑的使用现状和权属变化等情况；

（四）建筑室内外及历史构件的文字、图纸、图片、影像等资料；

（五）建筑修缮、装饰装修工程中形成的文字、图纸、图片、影像等资料；

（六）建筑的平面、立面、剖面测绘图档和相关资料；

（七）根据保护规划提出的保护要求，提出保护措施建议。

区住建委、区文委应根据历史建筑保护状况的变化情况，及时更新历史建筑档案的相应内容。

第四章　监督管理

第三十条　历史文化名村公布后，区政府建立历史文化名村保护监督管理信息系统，并定期向历史文化名村的审批机关报告监管信息。包括：

（一）名村历史变迁情况；

（二）自然与人文环境的保护状况；

（三）整体历史风貌的保护状况；

（四）保护范围内文物保护单位、历史建筑、历史环境要素等的保护状况；

（五）核心保护范围内的各项建设活动；

（六）建设控制地带内的新建建设项目；

（七）保护范围内居住人口和旅游人口情况；

（八）其他对历史文化名村保护造成影响的活动。

第三十一条　区政府组织有关部门和专家，以经依法批准的历史文化名村保护规划及有关法律、法规为依据，对历史文化名村的保护工作进行定期检查和评估，并将有关情况向住房和城乡建设部、国家文物局报告。

第三十二条　因保护不力、自然灾害或其他原因，历史文化名村出现下列情况之一的，可以列入濒危名单：

（一）保护范围内文物保护单位和历史建筑等遭到严重破坏的；

（二）保护范围内传统格局和历史风貌遭到严重破坏的；

（三）保护范围内历史环境要素和自然环境遭到严重破坏的。

对处于濒危状态的历史文化名村，由市规委会同市文物局组织专家进行现场调查和论证，并提出专题报告，经市政府审核批准后予以公布。

第五章　附则

第三十三条　违反本办法规定，将依照《历史文化名城名镇名村保护条例》等有关规定追究法律责任。

第三十四条　本办法自 2013 年 6 月 1 日起施行。

《水峪村村规民约》

为把水峪村建设成物质文明和精神文明的社会主义新农村，经全体村民代表讨论，特制定村规民约如下：

一、热爱党、热爱祖国、热爱社会主义，按照党和政府的方针、政策办事，遵守国家法律、法令，敢于同坏人坏事作斗争。

二、积极生产、勤劳致富，搞好家庭多种经营，不搞非法经营活动。

三、爱护国家集体财产，不准往马路泼水、堆煤、土和私搭乱建、不损坏公物。

四、积极参加学习、听广播、看电视、学习党的方针政策和科学技术知识，了解国家大事，搞好科学种田。

五、尊老爱幼、家庭和睦、要赡养好老人、教育好子女、邻里团结、互相照顾。

六、响应党的号召、移风易俗、坚持晚婚晚育、杜绝超计划生育。

七、遵纪守法、不赌博、不酗酒、不打架斗殴。

八、不扰乱公共秩序、不阻碍公务人员执行公务。

九、自觉爱护集体树木花草、严禁乱砍滥伐毁坏树木花草行为。

十、保持院内和街道的环境卫生，不乱倒垃圾、污水。

十一、注意防火、安全度汛，遇有险情及时报告，发生火灾争先扑救。

◉ 主要参考文献

冯庆澜、王邦屏等：民国十七年本《房山县志》。

北京市房山区志编纂委员会编:《北京市房山区志》，北京出版社，1999 年。

房山区农业志编纂委员会编:《房山农业志》，方志出版社，2012 年。

房山区地名志编纂委员会编:《北京市房山区地名志》，北京出版社，1992 年。

百花山志编纂委员会编:《百花山志》，方志出版社，2006 年。

中共北京市房山区委党史资料征集办公室编:《中国共产党平西地区组织史资料·1937—1949》，1990 年。

王淑玲主编:《房山自然资源与环境》，中国农业科学技术出版社，2004 年。

中共北京市委党史研究室、中共房山区委党史办公室编:《房山革命史》，北京出版社，1997 年。

北京市房山区史志办公室编:《中国共产党北京市房山区历史大事记 1928—2000》，北京出版社，2002 年。

欧阳修、宋祁、范镇、吕夏卿等:《新唐书》，中华书局，1995 年。

尹钧科:《北京历代建制沿革》，北京出版社，1994 年。

中共北京市委党史研究室，中共房山区委党史办公室编:《房山区革命史》，北京出版社，1994 年。

段柄仁主编，王铁鹏、谭烈飞副主编:《北京四合院志》，北京出版社，2016 年。

《北京房山百科全书》编委会编:《北京百科全书房山卷》，奥林匹克出版社、北京出版社，2002 年。

北京市门头沟区志编纂委员会编:《北京市门头沟区志》，北京出版社，2006 年。

涞水县志编纂委员会编:《涞水县志》，北京出版社，2000 年。

涿州市地方志编纂委员会编:《涿州志》，方志出版社，1997 年。

中共北京市委党史研究室、房山区党史区志办公室编，刘文江主编:《平西抗日根据地历史》，北京出版社，2015 年。

◉ 编纂始末

盛世修志，功莫大焉。2016 年，中国地方志指导小组办公室启动中国名村志文化工程，北京市地方志办公室积极贯彻落实中国地方志指导小组办公室的指示精神，启动了名村志编纂工作。

2017 年 6 月，房山区南窖乡水峪村经北京市地方志办公室推荐，作为“中国历史文化名村”参加中国名村志文化工程。收到北京市地方志办公室《关于推荐南窖乡水峪村申报中国名村志文化工程的函》后，房山区政府领导高度重视，申请编纂经费，指导贯彻落实，出台《水峪村志编纂工作实施方案》，通过“党委领导、政府主持、地方志工作机构组织实施、专业机构承编、社会广泛参与”、传统与市场高度融合的修志模式，迅速成立《水峪村志》编纂领导小组，委托国人书院承担具体的编纂工作。6 月 17 日，北京市地方志办副主任张恒彬带队，房山区史志办主任李桂清、副主任贾昉等领导在南窖乡政府召开了《中国名村志丛书 · 水峪村志》(以下简称《水峪村志》) 启动会，与南窖乡党委、政府有关领导及水峪村“两委”班子成员、乡贤代表、编纂团队等人进行交流座谈，就启动《水峪村志》编纂事宜达成共识。作为北京郊区历史文化深厚的古村落、中国历史文化名村，水峪村历来重视村落文化的挖掘。早在 2012 年，就着手编纂《水峪村志》，首次对历史资料进行了系统的挖掘和整理，为此次名村志编纂提供了基础素材。

随后，编纂团队入驻村内，依据《中国名村志文化工程实施方案》要求，围绕水峪村的“名”和“特”，查阅了卷帙浩繁的文献资料，去粗取精，去伪存真，并实地考察测量，多方座谈寻访。至 2017 年 7 月中旬完成第一稿，交北京市地方志办公室审读，9 月下旬，依据区县志指导处王鹏处长等人的修改意见完成修改稿并报中国地方志指导小组办公室方志处审查。10 月初，按照初审意见进行修改完善，10 月中旬完成复审稿。

2018年以来，在核实志稿史实、完善志稿内容、确保志书规范的基础上，编纂团队围绕“古宅、古碾、古商道、古中幡”等珍贵文化遗产内蕴的独特历史和文化价值，研究代代传承的“以耕读文化为核心”的中华优秀传统文化，调研一代代水峪人在家国情怀中推进的红色革命文化。11 月，编纂团队再次对《水峪村志》进行总纂修改，突出历史文化特色和村庄发展的精魂，对资料进行补充搜集挖掘整理，开展深入座谈、访谈和田野调查，拾遗补阙。其间,《水峪村志》编纂团队负责人、人民日报《人民论坛》原采访部主任曾金胜，中国地方志学会城市区志分会原常务副会长、房山区史志办原主任刘文江，会同北京市地方志学会副会长罗保平等专家学者，对水峪村杨家大院等古宅院落的形制、建筑风格进行详细考察。编纂团队翻山越岭，寻贤问老，虽苦犹乐。

2019 年 1 月 16 日，北京市地方志办公室区县指导处王鹏处长组织召开《水峪村志》修改研讨会，汇集专家意见，达成志稿修改共识。最终，编纂团队聚焦村域特色对篇目进行调整，重新修订书稿。经过连续多月、夜以继日的编纂工作，于 2019 年 2 月审校确定送审稿。此后，又历经 6 次修改，3 次图片增删，时间下限延至 2018 年，形成 17.1 万余字的终审稿。2020 年 8—10 月，在抗击新型冠状病毒肺炎疫情特殊历史时期，为进一步让《水峪村志》立起来、活起来，编纂团队对志稿全文逐一推敲，严密考证，在方志出版社从珺老师悉心指导下精细修改，打磨定稿。

“让城市留住记忆，让人们记住乡愁。”习近平总书记在北京老城前门东区考察时说的一席话，引发了亿万国人的广泛共鸣。随着时光流逝和城镇化浪潮的袭卷，深隐于中国传统村落的乡愁乡俗、历史记忆弥足珍贵，亟待抢救挖掘整理。《水峪村志》的编纂，是在北京市地方志办公室、房山区委区政府、中共房山区委农工委（农委）、房山区史志办、南窖乡党委政府和水峪村的高度重视和支持下，在编纂单位匠心修志的艰辛努力、乡贤热心支持下,“众手成志”完成的，是新时代传统与市场高度融合的基层修志新模式的有益探索，也是有识之士凝聚众力“与时间赛跑”抢救乡愁记忆的真诚努力。正是因为有各部门、各级党委和政府的重视支持，以及社会各界的广泛参与，我们才得以在有限的时间内完成了一部记录水峪村历史发展进程、展现京西村情民风、传承房山区乡村优秀传统文化的志书。

在志稿修订、送审期间，中国地方志指导小组办公室杨海峰、王丹林等领导专家，方志出版社李江、丛珺老师，中国名镇志文化工程学术委员会委员王晖，谷春侠等专家给予悉心指导，提出了翔实、中肯的审改意见。北京市地方志办公室副主任张恒彬，北京市地方志办公室区志处王鹏处长，房山区史志办主任李桂清、副主任贾昉高度重视，多次对志书编纂工作悉心指导，给予审读修改意见，提供珍贵的线索、资料、图片。房山区南窖乡党委政府，水峪村党支部、村委会积极配合支持，组织召开座谈会，提供寻访线索、图文资料，确保了志书编纂的顺利进行。值《水峪村志》付梓之际，在此一并致以诚挚的感谢！

因编纂过程相对仓促，水峪村作为传统古村落，几百年的岁月积淀、历史风云难以短时间梳理挖掘整理完备，难免疏误遗漏，恳请读者批评指正。

编　者

2020 年 10 月

古碾、古道（2017年）